钻井工程造价管理丛书

钻井工程全过程造价管理

黄伟和 著

石油工业出版社

内 容 提 要

本书阐述了一套基于石油天然气勘探开发建设项目全过程管理需要的钻井工程造价管理体系，说明了钻井工程、钻井工程造价、钻井工程造价管理的基本概念和主要内容，介绍了一套钻井工程造价管理需求、管理机制、管理手段的管理模型，阐述了决策、设计、准备、施工、竣工、后评价各阶段的建设单位和施工单位钻井工程全过程造价管理方法。

本书可供从事石油天然气勘探开发建设项目的钻井工程造价管理、工程设计、项目管理、规划计划、财务资产、企管法规、生产运行、市场开发、审计、监察等工作的人员阅读，也可作为相关人员的培训教材。

图书在版编目（CIP）数据

钻井工程全过程造价管理／黄伟和著．—北京：石油工业出版社，2020.5
ISBN 978-7-5183-3579-4

Ⅰ．①钻… Ⅱ．①黄… Ⅲ．①油气钻井－工程造价－造价管理 Ⅳ．① F407.226.72

中国版本图书馆 CIP 数据核字（2020）第 060909 号

出版发行：石油工业出版社有限公司
（北京朝阳区安定门外安华里2区1号 100011）
网　　址：www.petropub.com
编辑部：(010) 64523561
图书营销中心：(010) 64523633
经　　销：全国新华书店
印　　刷：北京中石油彩色印刷有限责任公司

2020年5月第1版　2020年5月第1次印刷
787毫米×1092毫米　开本：1/16　印张：9.75
字数：230千字

定价：60.00元
（如出现印装质量问题，我社图书营销中心负责调换）
版权所有，翻印必究

前　言

　　为了全面加强中国石油钻井工程造价管理，提高造价专业人员的管理能力和管理水平，笔者从 2002 年开始编写钻井工程造价培训教材，并于 2004 年开始举办第 1 期中国石油天然气集团公司钻井工程造价管理人员培训班，至今已经举办了 16 期。这期间，培训内容与时俱进，目前的培训课程包括钻井工程工艺、钻井工程造价管理、钻井工程计价方法、钻井工程计价标准。以全过程、全要素、全风险、全团队的全面造价管理思想为指导，通过持续深入研究，钻井工程造价管理理论经历了开创、发展、升华 3 个阶段，形成了一套钻井工程造价管理知识体系，包括钻井工程工艺、钻井工程全过程造价管理方法、钻井工程全过程工程量清单计价方法、钻井工程全过程工程量清单计价标准。为合理确定和有效控制钻井工程造价、系统解决钻井工程降本增效问题、全面开展钻井工程造价管理信息化建设、大幅提升钻井工程造价管理科学化水平打下坚实基础。

　　钻井工程造价是钻井工程项目从决策开始到竣工结束预期支出或实际支出的建设费用。钻井工程造价管理是指综合运用管理学、经济学和工程技术等方面的知识与技能，对钻井工程造价进行预测、计划、控制、核算、分析和评价的过程。钻井工程造价管理以钻井工程为研究对象，以钻井工程的造价确定与造价控制为主要内容，运用科学技术原理、经济与法律管理手段，解决钻井工程建设活动中的技术与经济、经营与管理等实际问题，从而提高投资效益和经济效益。

　　笔者在系统总结 10 余年实践经验的基础上，形成了一套完备的基于石油天然气勘探开发建设项目全过程管理需要的钻井工程造价管理体系，主要内容包括 3 个部分：第一部分是建立了一套钻井工程、钻井工程造价、钻井工程造价管理的基本概念和主要内容；第二部分是建立了一套钻井工程造价管理需求、管理机制、管理手段的管理模型；第三部分是建立了一套石油天然气勘探开发建设项目决策、设计、准备、施工、竣工、后评价各阶段的建设单位和施工单位钻井工程全过程造价管理方法。

　　本书可供从事石油天然气勘探开发建设项目的钻井工程造价管理、工程设计、项目管理、规划计划、财务资产、企管法规、生产运行、市场开发、审计、监察等工作的人员阅读，也可作为相关人员的培训教材。

　　由于石油天然气钻井行业专业技术性强，工程造价管理涉及面广，加之笔者水平和知识有限，书中不妥之处在所难免，敬请读者批评指正，提出宝贵意见和建议，以便今后不断完善。

目 录

1 钻井工程造价管理概述 ·· 1
   1.1 钻井工程概念 ·· 1
   1.2 钻井工程造价概念 ·· 1
   1.3 钻井工程造价管理概念 ··· 11
   1.4 钻井工程造价管理发展方向 ····································· 12
   1.5 钻井工程造价管理模型 ··· 13

2 钻井工程造价管理需求 ·· 15
   2.1 钻井工程造价管理基本流程 ····································· 15
   2.2 钻井工程造价管理需求分析 ····································· 17

3 钻井工程造价管理机制 ·· 19
   3.1 钻井工程造价管理机制分析 ····································· 19
   3.2 钻井工程全过程造价管控分析 ··································· 20

4 钻井工程造价管理手段 ·· 23
   4.1 钻井工程计价标准体系 ··· 23
   4.2 钻井工程计价方法体系 ··· 44
   4.3 钻井工程造价管理平台 ··· 47

5 钻井工程造价管理方法 ·· 50
   5.1 决策阶段钻井工程造价管理方法 ································· 50
   5.2 设计阶段钻井工程造价管理方法 ································· 61
   5.3 准备阶段钻井工程造价管理方法 ································· 87
   5.4 施工阶段钻井工程造价管理方法 ································· 94
   5.5 竣工阶段钻井工程造价管理方法 ································ 110
   5.6 后评价阶段钻井工程造价管理方法 ······························ 118

参考文献 ··· 146

1　钻井工程造价管理概述

1.1　钻井工程概念

1.1.1　基本概念

钻井工程是建设地下石油天然气开采通道的隐蔽性工程,即采用大型钻井设备和一系列高精密测量仪器,按一定的方向向地下钻进一定的深度,采集地层岩性、物性和石油、天然气、水等资料,并且建立石油天然气生产的安全通道。

1.1.2　主要内容

钻井工程包括钻前工程、钻进工程、完井工程。

1.1.2.1　钻前工程

钻前工程是为油气井开钻提供必要条件所进行的各项准备工作。钻前工程通常由勘测工程、道路工程、井场工程、动迁工程、供水工程、供电工程、其他作业等构成。

1.1.2.2　钻进工程

钻进工程是按照钻井地质设计和钻井工程设计规定的井径、方位、位移、深度等要求,以钻井队为主体,相关技术服务队伍共同参与,采用钻机等设备和仪器,从地面开始向地下钻进,钻达设计目的层,建成地下油气通道。钻进工程通常由钻井作业、钻井服务、固井作业、测井作业、录井作业、其他作业等构成。

1.1.2.3　完井工程

完井工程是在钻达设计要求的全井完钻井深后,以作业队或钻井队为主体,相关技术服务队伍共同参与,采用修井机或钻机等设备和仪器,按设计确定的完井方式进行施工,直至交井。完井工程通常由完井准备、完井作业、录井作业、测井作业、射孔作业、测试作业、压裂作业、酸化作业、其他作业等构成。

1.2　钻井工程造价概念

1.2.1　基本概念

钻井工程造价是钻井工程项目从决策开始到竣工结束预期支出或实际支出的建设费

用。简单地讲，钻井工程造价就是花费在钻井工程上的钱。

含义一：基于建设单位管理，钻井工程造价指油气勘探开发建设项目中钻井工程预期支出或实际支出的钻井工程投资。

含义二：基于施工单位管理，钻井工程造价指由众多施工队伍和承包商共同建造一口油气井预期支出或实际支出的钻井工程成本。

1.2.2 主要内容

按照含义一，钻井工程造价就是建设单位钻井工程投资。按照油气勘探开发项目建设基本程序，建设单位需要实施决策阶段、设计阶段、准备阶段、施工阶段、竣工阶段的全过程钻井工程投资管理，钻井工程项目投资由钻井工程费、工程建设其他费、预备费和贷款利息构成，见表1-1。决策和设计阶段的钻井工程造价包括钻井工程费、工程建设其他费、预备费和贷款利息。准备阶段和施工阶段的钻井工程造价包括钻井工程费和工程建设其他费。竣工阶段的钻井工程造价包括钻井工程费、工程建设其他费和贷款利息。

表 1-1 建设单位钻井工程造价构成

钻井工程造价	钻井工程费	钻前工程费	勘测工程费
			道路工程费
			井场工程费
			动迁工程费
			供水工程费
			供电工程费
			其他作业费
		钻进工程费	钻井作业费
			钻井服务费
			固井作业费
			测井作业费
			录井作业费
			其他作业费
		完井工程费	完井准备费
			完井作业费
			录井作业费
			测井作业费
			射孔作业费
			测试作业费
			压裂作业费
			酸化作业费
			其他作业费

续表

钻井工程造价	工程建设其他费	建设管理费	建设单位管理费
			钻井工程监督费
			总承包管理费
			工程奖励与处罚
		工程设计费	钻井设计费
			完井设计费
		用地费	临时用地费
			长期用地费
		环保管理费	环境影响评价费
			环保监测费
			地质灾害评估费
			水土保持评估费
			矿产压覆调查费
		工程保险费	
	预备费	基本预备费	
		价差预备费	
	贷款利息		

按照含义二，钻井工程造价就是施工单位钻井工程成本。按照油气勘探开发项目建设基本程序，施工单位需要实施准备阶段、施工阶段、竣工阶段的全过程钻井工程成本管理，基于钻井工程基本生产工艺流程特点，钻井工程造价项目由钻井工程费、工程建设其他费构成，见表1-2。

表1-2 施工单位钻井工程造价构成

钻井工程造价	钻井工程费	钻前工程费	勘测工程费
			道路工程费
			井场工程费
			动迁工程费
			供水工程费
			供电工程费
			其他作业费
		钻进工程费	钻井作业费
			钻井服务费
			固井作业费

续表

钻井工程造价	钻井工程费	钻进工程费	测井作业费
			录井作业费
			其他作业费
		完井工程费	完井准备费
			完井作业费
			录井作业费
			测井作业费
			射孔作业费
			测试作业费
			压裂作业费
			酸化作业费
			其他作业费
	工程建设其他费	建设管理费	钻井工程监督费
			总承包管理费
			工程奖励与处罚
		工程设计费	钻井设计费
			完井设计费
		用地费	临时用地费
		环保管理费	环境影响评价费
			环保监测费

1.2.2.1 钻井工程费构成

钻井工程费指实施钻井工程所发生的各项费用，包括钻前工程费、钻进工程费、完井工程费。

（1）钻前工程费指实施钻前工程所发生的各项费用，包括勘测工程费、道路工程费、井场工程费、动迁工程费、供水工程费、供电工程费、其他作业费。

（2）钻进工程费指实施钻进工程所发生的各项费用，包括钻井作业费、钻井服务费、固井作业费、测井作业费、录井作业费、其他作业费。

（3）完井工程费指实施完井工程所发生的各项费用，包括完井准备费、完井作业费、录井作业费、测井作业费、射孔作业费、测试作业费、压裂作业费、酸化作业费、其他作业费。

1.2.2.2 工程建设其他费构成

工程建设其他费指实施钻井工程所必须发生的除实体性消耗以外的各项费用，包括建设管理费、工程设计费、用地费、环保管理费、工程保险费。

（1）建设管理费指实施钻井工程管理所发生的各项费用，包括建设单位管理费、钻井工程监督费、总承包管理费、工程奖励与处罚。

（2）工程设计费指设计单位实施钻井工程设计所发生的相关费用，包括钻井设计费、完井设计费。

（3）用地费指进井场道路、井场、生活区等占用土地所发生的租赁费用，包括临时用地费、长期用地费。

（4）环保管理费指按照政府主管部门要求和相关规定实施环保管理所发生的相关费用，包括环境影响评价费、环保监测费、地质灾害评估费、水土保持评估费、矿产压覆调查费。

（5）工程保险费指按照相关规定计取的用于钻井工程的保险费。

1.2.2.3 预备费构成

预备费指建设单位在油气勘探开发项目前期决策时难以预料的钻井工程费用和其他费用，包括基本预备费和价差预备费。

（1）基本预备费指在可行性研究和初步设计阶段难以预料的工程费用和其他费用，包括在项目实施中可能增加的工程和费用、一般自然灾害造成的损失和预防自然灾害所采取的措施费用、为鉴定工程质量而对钻井工程进行必要测试和修复的费用。

（2）价差预备费指由于人工、设备、材料等价格变化和政策调整等变化因素而引起钻井工程造价变化的预留费用。

1.2.2.4 贷款利息

贷款利息指油气勘探开发项目建设期中钻井工程承担的并应计入固定资产的贷款利息。

1.2.2.5 钻井工程造价项目分级标准

按照钻井工程基本生产工艺流程，依据钻井工程造价构成，钻井工程造价项目分级标准见表1-3。

表1-3 钻井工程造价项目分级标准

Ⅰ级	Ⅱ级	Ⅲ级	Ⅳ级	Ⅴ级	Ⅵ级	Ⅶ级
G 钻井工程费						
	1 钻前工程费					
		1.1 勘测工程费				
			1.1.1 井位测量费			
			1.1.2 地质勘查费			
			1.1.3 勘测设计费			
		1.2 道路工程费				
			1.2.1 新建道路费			

续表

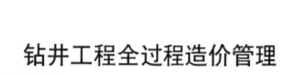

I级	II级	III级	IV级	V级	VI级	VII级
			1.2.2 维修道路费			
			1.2.3 修建桥涵费			
		1.3 井场工程费				
			1.3.1 井场修建费			
			1.3.2 基础构筑费			
			1.3.3 池类构筑费			
			1.3.4 生活区修建费			
			1.3.5 围堰和隔离带构筑费			
		1.4 动迁工程费				
			1.4.1 设备拆安费			
			1.4.2 设备运移费			
			1.4.3 钻井队动员费			
		1.5 供水工程费				
			1.5.1 场内供水费			
			1.5.2 场外供水费			
			1.5.3 打水井费			
		1.6 供电工程费				
			1.6.1 场内供电费			
			1.6.2 场外供电费			
		1.7 其他作业费				
			1.7.1 工程拆迁费			
			1.7.2 打桩服务费			
	2 钻进工程费					
		2.1 钻井作业费				
			2.1.1 钻井施工费			
			2.1.2 钻井材料费			
				2.1.2.1 钻头费		
				2.1.2.2 钻井液材料费		
				2.1.2.3 生产用水费		
			2.1.3 钻井材料运输费			
		2.2 钻井服务费				
			2.2.1 管具服务费			
			2.2.2 井控服务费			

续表

I 级	II 级	III 级	IV 级	V 级	VI 级	VII 级
				2.2.3 钻井液服务费		
				2.2.4 定向服务费		
				2.2.5 欠平衡服务费		
				2.2.6 取心服务费		
				2.2.7 顶驱服务费		
				2.2.8 旋转导向服务费		
				2.2.9 中途测试服务费		
				2.2.10 打捞服务费		
				2.2.11 生活服务费		
				2.2.12 保温服务费		
		2.3 固井作业费				
			2.3.1 固井施工费			
			2.3.2 固井材料费			
				2.3.2.1 套管费		
				2.3.2.2 套管附件费		
				2.3.2.3 固井工具费		
				2.3.2.4 水泥费		
				2.3.2.5 水泥外加剂费		
			2.3.3 固井材料运输费			
			2.3.4 固井服务费			
				2.3.4.1 套管检测费		
				2.3.4.2 水泥试验费		
				2.3.4.3 水泥混拌费		
				2.3.4.4 下套管服务费		
				2.3.4.5 试压服务费		
		2.4 测井作业费				
			2.4.1 测井施工费			
			2.4.2 资料处理解释费			
		2.5 录井作业费				
			2.5.1 录井施工费			
			2.5.2 录井服务费			
				2.5.2.1 录井信息服务费		
				2.5.2.2 化验分析费		

续表

I级	II级	III级	IV级	V级	VI级	VII级
					2.5.2.3 资料整理分析费	
					2.5.2.4 地质导向服务费	
					2.5.2.5 单井跟踪评价费	
			2.6 其他作业费			
				2.6.1 环保处理费		
					2.6.1.1 废弃物拉运费	
					2.6.1.2 废弃物处理费	
				2.6.2 地貌恢复费		
3 完井工程费						
	3.1 完井准备费					
			3.1.1 土建工程费			
					3.1.1.1 维修道路费	
					3.1.1.2 维修井场费	
			3.1.2 动迁工程费			
					3.1.2.1 设备拆安费	
					3.1.2.2 设备运移费	
					3.1.2.3 作业队动员费	
	3.2 完井作业费					
			3.2.1 完井施工费			
			3.2.2 完井材料费			
					3.2.2.1 井口装置费	
					3.2.2.2 油管费	
					3.2.2.3 完井液费	
					3.2.2.4 完井工具费	
			3.2.3 完井材料运输费			
			3.2.4 完井服务费			
					3.2.4.1 特车服务费	
					3.2.4.2 连续油管作业费	
					3.2.4.3 下桥塞费	
					3.2.4.4 投灰费	
	3.3 录井作业费					
				3.3.1 录井施工费		
				3.3.2 录井服务费		

续表

I级	II级	III级	IV级	V级	VI级	VII级
		3.4 测井作业费				
			3.4.1 测井施工费			
			3.4.2 资料处理解释费			
		3.5 射孔作业费				
			3.5.1 射孔施工费			
			3.5.2 爆炸切割费			
			3.5.3 爆燃压裂费			
		3.6 测试作业费				
			3.6.1 地面计量费			
			3.6.2 地层测试费			
			3.6.3 试井作业费			
			3.6.4 钢丝作业费			
		3.7 压裂作业费				
			3.7.1 压前配液费			
			3.7.2 压裂施工费			
			3.7.3 压裂材料费			
			3.7.4 压裂材料运输费			
			3.7.5 压裂服务费			
					3.7.5.1 微地震监测费	
					3.7.5.2 同位素示踪服务费	
		3.8 酸化作业费				
			3.8.1 酸前配液费			
			3.8.2 酸化施工费			
			3.8.3 酸化材料费			
			3.8.4 酸化材料运输费			
		3.9 其他作业费				
			3.9.1 环保处理费			
					3.9.1.1 废弃物拉运费	
					3.9.1.2 废弃物处理费	
			3.9.2 地貌恢复费			
Q 工程建设其他费						
	1 建设管理费					
			1.1 建设单位管理费			

续表

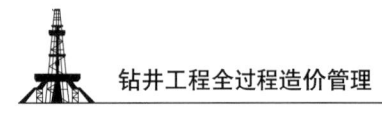

I级	II级	III级	IV级	V级	VI级	VII级
		1.2 钻井工程监督费				
		1.3 总承包管理费				
		1.4 工程奖励与处罚				
				1.4.1 工程奖励		
				1.4.2 工程处罚		
	2 工程设计费					
		2.1 钻井设计费				
				2.1.1 钻井地质设计费		
				2.1.2 钻井工程设计费		
				2.1.3 钻井工程预算费		
				2.1.4 钻井施工设计费		
		2.2 完井设计费				
				2.2.1 完井地质设计费		
				2.2.2 完井工程设计费		
				2.2.3 完井工程预算费		
				2.2.4 压裂工程设计费		
				2.2.5 酸化工程设计费		
				2.2.6 完井施工设计费		
	3 用地费					
		3.1 临时用地费				
		3.2 长期用地费				
	4 环保管理费					
		4.1 环境影响评价费				
		4.2 环保监测费				
		4.3 地质灾害评估费				
		4.4 水土保持评估费				
		4.5 矿产压覆调查费				
	5 工程保险费					
Y 预备费						
	1 基本预备费					
	2 价差预备费					
D 贷款利息						

1.2.3 主要特点

1.2.3.1 差异性

每一口探井或开发井都有其特定的地理位置、井身结构、完钻井深、用途、功能，因此，工程内容和实物形态都具有个别性、差异性，进而决定了每一口探井或开发井的造价也不相同。

1.2.3.2 动态性

油气勘探项目和油气田开发建设项目从决策到竣工交付使用，通常都有一个较长的工程建设期。由于不可控因素影响，钻井工程造价在整个建设期处于不确定状态，直至竣工决算后才能最终确定钻井工程的实际造价。

1.2.3.3 层次性

一般来讲，一个建设项目的构成要素包括建设项目、单项工程、单位工程、分部工程、分项工程等多个层次。对于钻井工程项目而言，单项工程分为钻前工程、钻进工程、完井工程等，钻前工程中的单位工程又可分为道路工程、井场工程等，每一个层次需要分别计价，具体内容可参见表1-3。造价的层次性取决于工程的层次性。

1.2.3.4 复杂性

在整个油气勘探开发项目建设过程中，钻井工程造价是十分复杂的，需科学确定和有效控制。要分别确定钻井工程的估算价、概算价、预算价、合同价、结算价、决算价，要综合考虑工期、质量、费用三者的关系，要综合考虑不确定性和风险性因素，要综合考虑建设、施工、设计、供应、监督管理等各个参建单位的组织协调。

1.2.3.5 大额性

钻井工程造价高昂，动辄数百万、数千万、数亿或数十亿元以上。工程造价的大额性使它关系到有关各方面的重大经济利益，这就决定了钻井工程造价的特殊地位，也说明了钻井工程造价管理的重要意义。

1.3 钻井工程造价管理概念

1.3.1 基本概念

钻井工程造价管理以钻井工程为研究对象，以钻井工程的造价确定与造价控制为主要内容，运用科学技术原理、经济与法律管理手段，解决钻井工程建设活动中的技术与经济、经营与管理等实际问题，从而提高投资效益和经济效益。

具体来讲，钻井工程造价管理是指综合运用管理学、经济学和工程技术等方面的知识与技能，对钻井工程造价进行预测、计划、控制、核算、分析和评价的过程。

根据钻井工程造价的两种含义，建设单位钻井工程投资管理和施工单位钻井工程成本管理均属于钻井工程造价管理范畴。

1.3.2 主要内容

钻井工程造价管理主要内容就是合理确定和有效控制钻井工程造价。所谓合理确定钻井工程造价，就是在油气勘探开发项目建设的各个阶段，采用科学的计价方法，合理确定钻井工程估算价、概算价、预算价、合同价、结算价、决算价。所谓有效控制钻井工程造价，就是在油气勘探开发项目建设的各个阶段，在优化油气勘探开发方案、钻井工程设计方案的基础上，采用一定的方法和措施把钻井工程造价的发生控制在合理的范围和核定的造价限额以内。因此，钻井工程造价管理基本内容包括油气勘探开发项目的决策阶段钻井工程造价管理、设计阶段钻井工程造价管理、准备阶段钻井工程造价管理、施工阶段钻井工程造价管理、竣工阶段钻井工程造价管理、后评价阶段钻井工程造价管理。

1.3.3 管理目标

钻井工程造价管理目标是按照经济规律的要求，根据市场经济的发展形势，利用科学管理方法和先进管理手段，合理地确定钻井工程造价和有效地控制钻井工程造价，提高建设单位投资效益和施工单位经营效果。

1.4 钻井工程造价管理发展方向

以全面造价管理理论为指导，钻井工程造价管理发展方向是实现全过程、全要素、全风险、全团队的全面钻井工程造价管理。

1.4.1 全过程造价管理

实现对于决策阶段、设计阶段、准备阶段、施工阶段、竣工阶段、后评价阶段等钻井工程项目全过程造价的全面管理。包括两个方面：一是要合理确定由各项具体建设活动造价构成的钻井工程项目全过程造价；二是要科学控制各项具体建设活动过程的造价和钻井工程项目的总造价。

1.4.2 全要素造价管理

实现对于影响钻井工程造价的工期、质量、费用3个基本要素的全面管理。这3个要素是可以相互影响和相互转化的。因此，对于钻井工程项目的全面造价管理，必须掌握一套从全要素管理入手的全面造价管理具体技术方法，分析和找出工期、质量、费用3个要素的相互关系，进而实现全要素造价集成管理。

1.4.3 全风险造价管理

实现对于钻井工程的风险性造价和完全不确定性造价的全面管理。钻井工程造价的不确定性是绝对的，确定性是相对的。随着钻井工程项目的展开，钻井工程项目的大部分造价都会从最初的不确定性造价逐步地转变成为风险性造价，然后转变为确定性造价。通常，只有项目完成时才会形成一个完全确定的钻井工程项目造价。因此，要实现对于钻井工程项目全风险造价管理，首先要识别一个钻井工程项目中存在的各种风险，并且定出全风险性造价；其次要通过控制风险事件的发生和发展，直接或间接地控制钻井工程项目的全风险造价；最后要开展对于包括工程风险费和预备费在内的各种风险性造价的直接控制，从而实现整个项目的全风险造价管理目标。

1.4.4 全团队造价管理

实现对于参与钻井工程项目建设的建设单位、施工单位、设计单位、供应商等多个不同利益主体的全面管理。需要建立一套综合配套的造价管理制度，能够有效沟通各方之间的信息，协调各方之间的利益，建立起造价管理合作思想和收益共享的机制，以保证全面造价管理团队成员之间的真诚合作，实现钻井工程建设项目造价的最优化。

1.5 钻井工程造价管理模型

1.5.1 模型建立

实施全面钻井工程造价管理，需要从钻井工程造价管理需求出发，建立科学合理的钻井工程造价管理机制和配套的管理手段。管理需求、管理机制、管理手段必须有机地结合在一起，三者互相依存，缺一不可。钻井工程造价管理模型如图 1-1 所示。

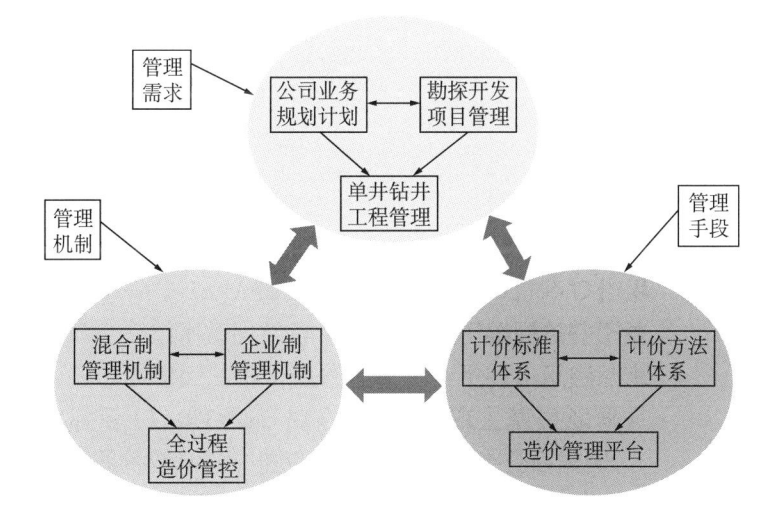

图 1-1　钻井工程造价管理模型

1.5.2 模型解析

管理需求包括3个层面：公司业务规划计划、勘探开发项目管理、单井钻井工程管理。公司业务规划计划和勘探开发项目管理分属于规划计划部门和勘探开发部门等不同的业务管理主体，两个层面处于平行状态，最终都要落实到具体建设单位的单井钻井工程管理。

管理机制包括3个方面：混合制管理机制、企业制管理机制、全过程造价管控。混合制管理机制是在两个以上经济组织之间按照平等协商关系的运行管理，企业制管理机制是在一个经济组织内部按照行政等级关系的运行管理，两种管理机制配合应用，贯穿于决策阶段、设计阶段、准备阶段、施工阶段、竣工阶段、后评价阶段的钻井工程全过程造价管控。

管理手段包括3个部分：计价标准体系、计价方法体系、造价管理平台。全过程计价标准体系和计价方法体系配套使用，二者要保持一致，并且共同在一个造价管理平台上发布和实施。

后续各章将分别展开介绍钻井工程造价管理需求、钻井工程造价管理机制、钻井工程造价管理手段。

2 钻井工程造价管理需求

2.1 钻井工程造价管理基本流程

钻井工程造价管理基本流程具体表现在组织机构业务管理中钻井工程造价管理、油气勘探开发项目建设过程中钻井工程造价管理、单井钻井生产组织中钻井工程造价管理3个方面。

2.1.1 组织机构业务管理中钻井工程造价管理流程

在组织机构中钻井业务管理方面，钻井工程造价管理表现为两纵两横的管理流程。基于油气勘探开发业务一体化管理的集团公司钻井工程造价管理流程示例如图2-1和表2-1所示。

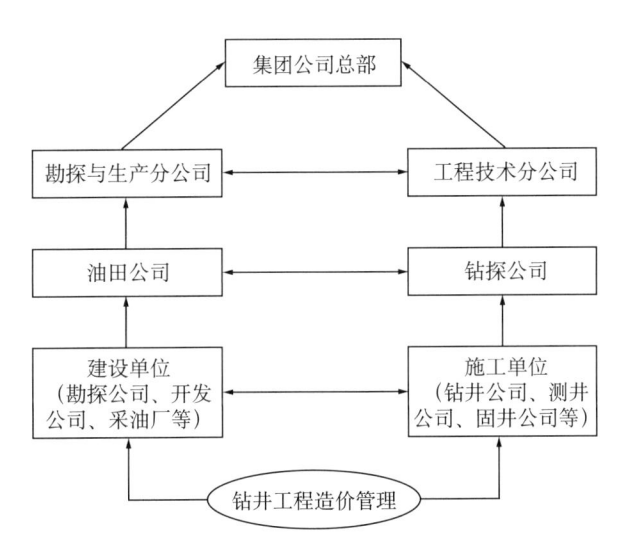

图2-1 集团公司钻井工程造价管理流程示意图

表2-1 集团公司钻井工程造价管理流程

纵向	横向
(1) 建设单位（如采油厂）、油田公司、勘探与生产分公司直到集团公司总部； (2) 施工单位（如钻井公司）、钻探公司、工程技术分公司直到集团公司总部	(1) 建设单位和施工单位、油田公司和钻探公司、勘探与生产分公司和工程技术分公司； (2) 各级机关的计划、财务、造价、审计等综合部门和勘探、开发、工程等业务主管部门

2.1.2 油气勘探开发项目建设过程中钻井工程造价管理流程

按照油气勘探开发项目建设基本程序，需要建立决策阶段、设计阶段、准备阶段、施工阶段、竣工阶段和后评价阶段的周期性循环、螺旋上升、持续改进的管理流程。基于油气勘探开发项目建设基本程序的钻井工程造价管理流程是呈螺旋式上升的，其三维立体图如图2–2所示。

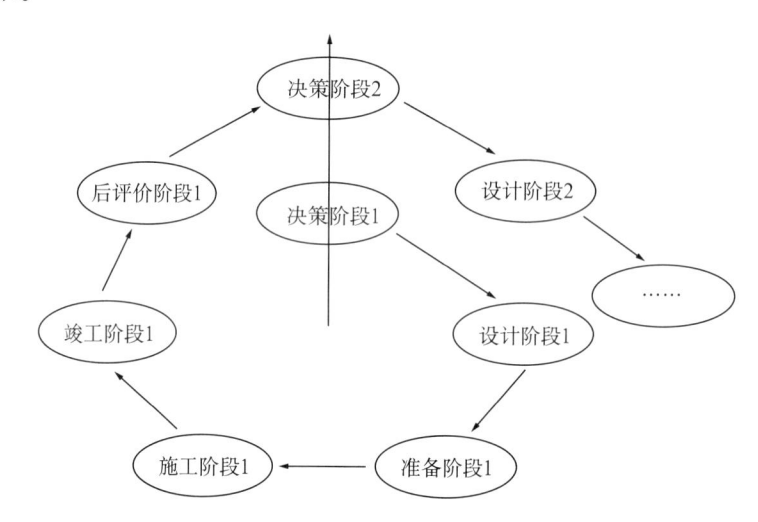

图2–2 油气勘探开发项目建设过程中钻井工程造价管理流程示意图

2.1.3 单井钻井生产组织中钻井工程造价管理流程

单井钻井生产组织管理流程实质上就是一条钻井生产流水线的管理流程，按照钻井设计要求，总体上要实施钻前工程、钻进工程、完井工程，才能完成整口井的建设工程，进行竣工交井，油气井才能投入生产，通常需要20~30支施工队伍共同完成，如图2–3所示。

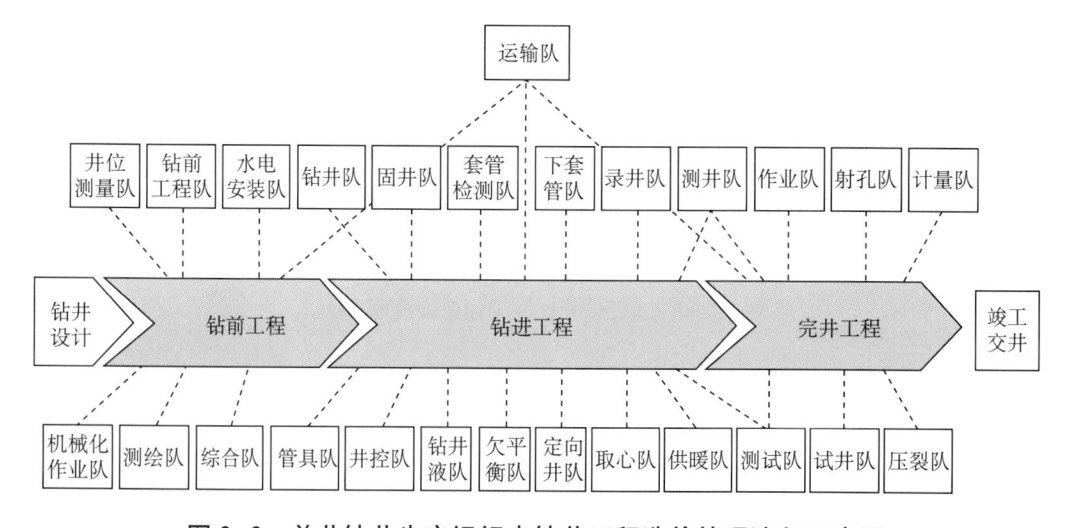

图2–3 单井钻井生产组织中钻井工程造价管理流程示意图

2.2 钻井工程造价管理需求分析

钻井工程全过程造价管理需求包括决策阶段、设计阶段、准备阶段、施工阶段、竣工阶段的工程造价确定与控制，总体上可以分为3个层面：公司业务规划计划、勘探开发项目管理、单井钻井工程管理。表2-2给出了钻井工程全过程造价管理基本程序和内容，表2-3给出了钻井工程全过程造价管理矩阵。

表2-2　钻井工程全过程造价管理基本程序和内容

序号	建设阶段	管理程序	计价需求	计价标准
1	决策阶段	公司中长期发展规划	投资匡算	参考指标
2		勘探开发项目可行性研究	投资估算	估算指标
3		勘探开发项目初步设计	投资概算	概算指标
4		公司年度投资计划	投资概算	概算指标
5	设计阶段	钻井工程设计	投资预算	概算指标 概算定额 预算定额 工程建设其他定额
6		钻井施工设计	成本预算	
7	准备阶段	钻井工程招标	招标标底	
8		钻井工程投标	投标报价	
9		钻井工程中标	合同价格	
10	施工阶段	钻井工程施工	施工结算	
11	竣工阶段	钻井工程竣工	竣工决算	

表2-3　钻井工程全过程造价管理矩阵

管理机构	公司业务规划计划	勘探开发项目管理	单井钻井工程管理
公司总部	★★★	★	
专业分公司	★★★	★★	★
地区公司	★★★	★★★	★★
建设单位 施工单位	★★★	★★★	★★★

注：★代表工作量多少和重要程度。

2.2.1 公司业务规划计划

公司业务规划计划一般分为公司总部、专业分公司、地区公司3个层次。对于钻井工程造价管理需求，通常主要包括中长期发展规划和年度投资计划。年度投资计划可细分为年度投资框架计划和年度投资分批计划。

中长期发展规划有3年发展规划、5年发展规划、10年发展规划等，最常用的是5年发展规划以及滚动规划，比如"十一五"发展规划、"十二五"发展规划、"十三五"发展规划等。根据各油气田勘探开发现状和预计未来5年各年度的油气储量和产量，按照油气勘探项目、油气藏评价项目、油气田开发项目，分别匡算探井、评价井、开发井的钻井工程量和钻井工程投资。

年度投资框架计划是根据中长期发展规划总体安排，特别是规划中最近一年匡算的探井、评价井、开发井钻井工程量和钻井工程投资，进一步估算下一年度的钻井工程量和钻井工程投资，编制下一年度总体投资框架计划。通常分为石油勘探开发项目的探井、评价井、开发井和天然气勘探开发项目的探井、评价井、开发井。对于油气开发项目，还要分为新建产能项目的新钻开发井和老区调整的开发井。

年度投资分批计划是根据年度投资框架计划和当年油气勘探开发项目实施情况，需要进一步概算各油气田、各区块、各种井别井型的钻井工程量和钻井工程投资，分批制订并下达钻井投资实施计划。

2.2.2 勘探开发项目管理

勘探开发项目管理分为油气勘探项目管理和油气田开发项目管理。

按照勘探对象、地质任务、勘探工作程序，油气勘探项目分为区域勘探、圈闭预探、油气藏评价3种类型。区域勘探项目一般需要钻区域探井（也有称地层探井、风险探井、参数井、基准井、科学探索井等），以了解构造的地层年代、岩性、厚度、生储盖层组合等信息，并以为地球物理解释提供各种参数为目的。圈闭预探项目一般需要钻预探井，是在地震详查和地质综合研究后所确定的有利圈闭上，以发现油气藏为目的，或者在已知的油气田上以发现未知的新油气藏为目的。油气藏评价项目一般需要钻评价井（又称详探井），是在已发现油气的圈闭上，以探明含油气面积和储量、了解油气层结构和建产能为目的。按照油气勘探投资计划管理模式，油气勘探项目分为勘探项目和油气藏评价项目，将区域勘探、圈闭预探合并为勘探项目，对应地将区域探井和预探井合并称为探井。因此，对于钻井工程造价管理需求而言，需要根据勘探项目和油气藏评价项目的可行性研究、初步设计等管理过程，依次逐渐细化计算相应的钻井工程量和钻井工程投资。

油气田开发项目管理是对于一个已经发现的油气田，组织油气藏评价、制订开发计划、编制开发（调整）方案和经济评价、实施开发方案和动态监测分析及效果评价等。一般分为油藏管理和天然气藏管理。在进行油气藏评价时，需要编制油气田开发概念设计，其中需要分年度估算开发井钻井工程量和钻井工程投资，以便进行经济评价。在确定实施油气田开发项目后，需要编制油气田开发方案，其中需要编制详细的钻井工程方案，概算出各种井型开发井钻井工程量和钻井工程投资。在油气田开发过程中，发现原方案设计不符合油气藏实际情况时，需要编制油气田开发调整方案，相应地还需要概算出各种井型开发井钻井工程量和钻井工程投资。

2.2.3 单井钻井工程管理

单井钻井工程管理是在油气勘探项目钻井工程方案和开发项目钻井工程方案基础上，对于某一口探井、评价井、开发井实施管理，通常包括单井钻井工程设计、钻井工程招标投标、钻井工程施工和钻井工程竣工验收等。相应地，建设单位需要编制钻井工程投资预算、招标标底，施工单位需要编制投标报价，建设单位和施工单位共同确定合同价格和施工结算，由建设单位编制竣工决算。

3 钻井工程造价管理机制

3.1 钻井工程造价管理机制分析

3.1.1 基本概念

钻井工程造价管理机制就是钻井工程项目从决策开始到竣工结束预期支出或实际支出的建设费用各构成要素之间相互联系和作用的关系。

钻井工程造价管理机制的建立离不开体制和制度。所谓体制,指的是组织职能和岗位责权的配置。例如,钻井工程投资管理体制在纵向上涉及公司总部、勘探与生产分公司、油田公司、采油厂等各级管理单位,横向上涉及规划计划、财务资产、勘探开发、工程技术等各个部门。所谓制度,包括国家和地方政府的法律法规以及任何组织内部的规章制度。例如,钻井工程投资管理制度包括国家颁发的招标投标法、合同法、税法和各级管理单位发布的投资管理办法、工程造价管理办法、概预算管理办法等。通过与之相应的管理体制和管理制度的建立,管理机制在实践中才能得到体现。在钻井工程全过程造价管理中,管理机制起着基础性的、根本性的作用。

企业制管理机制是在一个经济组织内部按照行政等级关系实施资源配置、信息利用、激励措施等一系列经济活动。例如,油田公司组织下属有关部门编制规划、计划、估算、概算、预算、招标、结算、决算等建设工程造价管理活动,钻井公司组织钻井队、固井队实施钻井作业和施工结算。

混合制管理机制是在两个以上经济组织之间按照平等协商关系实施资源配置、信息利用、激励措施等一系列经济活动。例如,油田公司与钻井公司、运输公司、套管供应商等按照双方签订的合同,共同组织实施钻井工程作业,进行施工结算以及奖励与处罚。

钻井工程全过程造价管控必须根据每个钻井工程项目的企业制管理机制和混合制管理机制组织实施。

3.1.2 建设目标

钻井工程造价管理机制建设目标就是要根据钻井工程生产组织管理特点、油气勘探开发建设项目管理基本程序和油气行业发展基本运行规律,建立一套科学、规范、高效的管理体制和管理制度,实现总体钻井生产效率最大化和综合单位钻井成本最小化,保证整体社会经济效益最大化。

3.1.3 总体设计思路

钻井工程造价管理机制总体设计要求就是从保证整体社会经济效益最大化这个总目标出发,建立一套科学高效的钻井工程造价管理机制,尽最大可能做到信息有效利用、资源合理配置、激励措施相容。为此,钻井工程造价管理需要 3 个基本条件:一是要建立满足决策、设计、准备、施工、竣工、后评价各个阶段的标准化钻井工程造价信息规范,其中最主要的就是预算定额、概算定额、概算指标、估算指标、参考指标等一系列配套的计价标准;二是要建立科学、透明的钻井工程造价管理信息平台,要求从公司总部、专业分公司(勘探与生产分公司和工程技术分公司)、地区公司(油田公司和钻探公司),直到建设单位(勘探公司、开发公司、采油厂、作业区等)、施工单位(钻井公司、固井公司、测井公司、录井公司等),各级职能和业务管理部门和单位均能快速找到准确合适的钻井工程造价管理信息;三是要建立配套的管理制度和相应的管理办法,保证各级钻井工程管理主体合理有效使用工程造价信息,有效配置钻井投资、钻井队伍等资源,有效实现激励相容、合作共赢。因此,需要建立一套"全过程+动平衡+标准化+信息化"的钻井工程造价管理长效机制。

(1)"全过程"就是建立贯穿决策、设计、准备、施工、竣工、后评价各阶段的全过程造价管理需求的一体化计价标准体系、计价方法体系,实现全过程造价确定和控制。

(2)"动平衡"就是每年动态调整相关计价标准,实现工程消耗和钻井投资动态平衡,进而实现建设单位和施工单位业绩指标动态平衡,保证集团公司总体效益动态优化。

(3)"标准化"具体表现为 5 个方面标准化:钻井工程造价项目、钻井工程计价标准、钻井工程计价方法、标准井工程造价管理、钻井工程全过程计价。

(4)"信息化"就是建立造价管理信息平台,保证钻井工程造价管理过程中各级相关部门均能很容易地找到本部门所需要的准确造价信息。

"全过程"是核心,"动平衡"是目的,"标准化"是前提,"信息化"是关键,四位一体。

3.2 钻井工程全过程造价管控分析

3.2.1 钻井工程全过程造价管控运行流程

钻井工程全过程造价管理包括决策阶段、设计阶段、准备阶段、施工阶段、竣工阶段、后评价阶段的合理确定工程造价和有效控制工程造价。图 3-1 给出了两个循环周期的钻井工程全过程造价管控运行流程示意图。

图 3-1 中两个造价管理主体分别是建设单位和施工单位。图 3-1 中的建设单位是广义的建设单位,包括勘探与生产分公司、油田公司及其下属的二级单位;图 3-1 中的施工单位也是广义的施工单位,包括工程技术分公司、钻探公司及其下属的二级单位、其他技术服务施工企业。为了便于形象说明造价影响程度,在每个管理阶段建设单位和施工单位对造价影响程度合计为 100%。

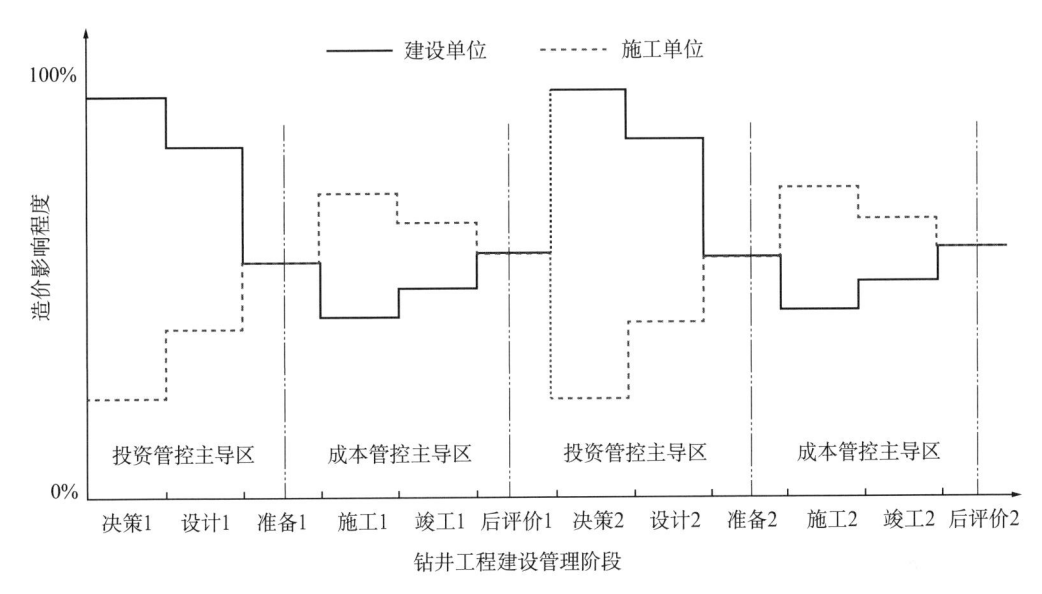

图 3–1 钻井工程全过程造价管控运行流程示意图

3.2.2 钻井工程全过程造价管控情况分析

总体上看，钻井工程全过程造价管控中建设单位处于主要地位，施工单位处于相对次要地位。但是在不同的建设管理阶段，建设单位和施工单位对钻井工程造价的管控重要性和影响程度有很大变化，见表 3–1。

表 3–1 钻井工程全过程造价管控情况分析

建设阶段	建设单位地位	施工单位地位	管控主导区	钻井造价影响程度
决策阶段	主要地位	次要地位	投资管控	最重要，影响最大
设计阶段	主要地位	次要地位	投资管控	非常重要，影响非常大，但重要性和影响程度低于决策阶段
准备阶段	同等重要地位，并且通过合同或协议使造价管控地位发生转化，建设单位由主要地位转向次要地位，施工单位由次要地位转向主要地位	前期属于投资管控，后期属于成本管控	重要，影响大，但重要性和影响程度明显低于决策和设计阶段
施工阶段	次要地位	主要地位	成本管控	很重要，影响很大，但重要性和影响程度低于决策和设计阶段，高于准备阶段
竣工阶段	次要地位	主要地位	成本管控	重要，影响大，但重要性和影响程度低于决策、设计、施工阶段
后评价阶段	同等重要地位，并且通过后评价得出的经验和教训，为下一个钻井建设周期打下基础		重要，影响大，但重要性和影响程度明显低于其他阶段

3.2.3 钻井工程投资管控和成本管控关系

正确认识二者关系是一个基础性、关键性的问题，对于理解和实践钻井工程造价管理有着至关重要的意义和作用。

3.2.3.1 基本概念

钻井工程投资指油气勘探开发建设项目中钻井工程预期支出或实际支出的钻井工程固定资产投资,包括钻井工程费、工程建设其他费、预备费、贷款利息。

钻井工程成本指由众多施工队伍和承包商共同建造一口油气井预期支出或实际支出的钻井工程费用,包括钻井工程施工过程中所发生的直接材料费、直接人工费、机械使用费、其他直接费、QHSE费用和制造费。

3.2.3.2 主要联系

钻井工程投资管控与成本管控主要联系表现在以下3个方面:

(1)二者都是研究解决钻井工程花费的钱和支出的问题,都属于钻井工程造价管理范畴;

(2)钻井工程投资包括钻井工程项目的全部费用,钻井工程成本一般是钻井工程投资的重要组成部分;

(3)钻井工程投资额度往往大于钻井工程成本额度,个别时候二者也相等。

3.2.3.3 主要区别

表3–2给出了钻井工程投资管控与成本管控的主要区别。

表3–2　钻井工程投资管控与成本管控的主要区别

序号	项目	钻井工程投资管控	钻井工程成本管控
1	管控主体不同	业主、项目法人或建设单位	施工单位、承包商
2	管控目标不同	钻井投资效益最大化	钻井综合成本最小化
3	管控重点不同	决策和设计阶段工程投资管理	施工和竣工阶段工程费用管理
4	计算方法不同	按分部分项工程费用项目计算	按人员、机械、材料费用项目计算
5	反映内容不同	投资水平是体现建设单位经营管理水平高低的一个综合性指标	成本水平是体现施工单位生产经营管理水平高低的一个综合性指标

4 钻井工程造价管理手段

4.1 钻井工程计价标准体系

4.1.1 计价标准概念

钻井工程计价标准指根据一定的技术标准和施工组织条件，完成规定计量单位的钻井工程量所消耗的人工、设备、材料和费用的标准额度，是一种经济技术标准。

钻井工程计价标准包括基础定额、消耗定额、费用定额、预算定额、工程建设其他定额、概算定额、概算指标、估算指标、参考指标等 9 种。图 4-1 给出了钻井工程计价标准体系结构。基于标准井的概算定额和概算指标将定额类计价标准和指标类计价标准联系起来，形成一套完整的钻井工程计价标准体系。

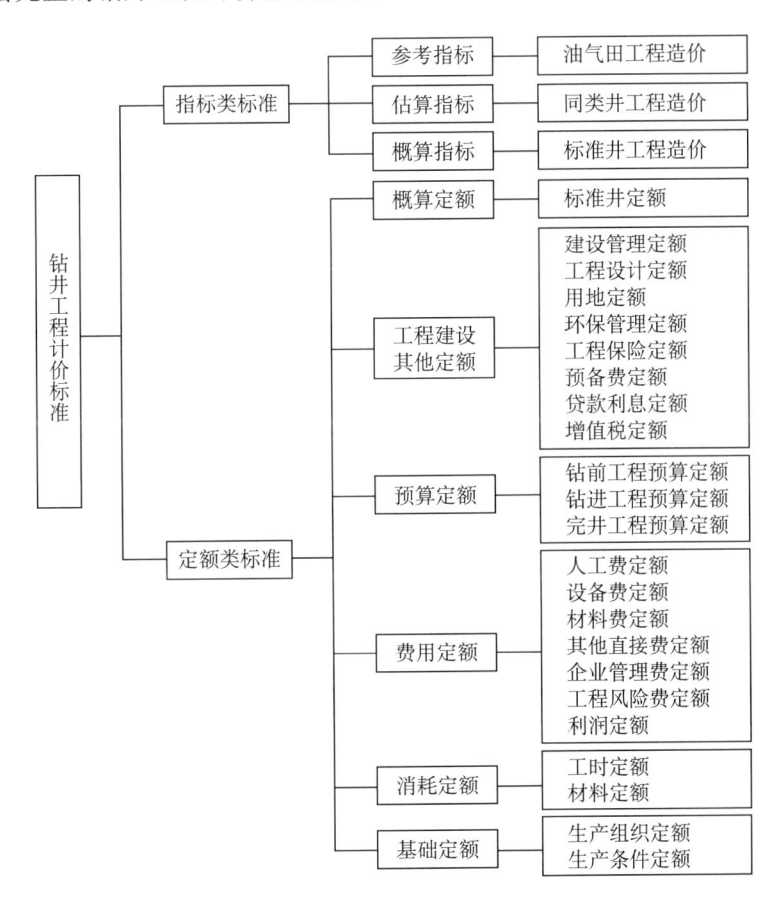

图 4-1 钻井工程计价标准体系结构

建设单位钻井工程计价标准体系包括预算定额、工程建设其他定额、概算定额、概算指标、估算指标、参考指标。施工单位钻井工程计价标准体系包括基础定额、消耗定额、费用定额、预算定额、工程建设其他定额、概算定额、概算指标。

4.1.2 基础定额

4.1.2.1 基本概念

基础定额是在一定的生产组织方式和生产条件下，在某一个油气区范围内实施钻井工程的人员、设备配备标准和相关工作量标准。基础定额包括生产组织定额、生产条件定额。

（1）生产组织定额是在某一个油气区正常生产条件下组织实施钻井工程所需要的一系列施工队伍类型、队伍数量和配套施工手段。生产组织定额包括施工队伍定额、人员定额、设备定额、工作量定额，示例见表4-1。

表4-1 某油气区钻井工程生产组织定额

定额编号	施工队伍定额		人员定额		设备定额			工作量定额	
	类型	数量（支）	人数（人）	队年人工费（元）	人均人工费（元）	资产原值（万元）	年折旧（万元）	年修理费（万元）	年有效工作时间（d）	年有效工作量
CQ-JCDE2019-001	ZJ50钻机钻井队	11	50	5450000	109000	2600.00	308.75	154.38	198	
CQ-JCDE2019-002	ZJ70钻机钻井队	10	53	5883000	111000	3300.00	391.88	195.94	218	
CQ-JCDE2019-003	双机双泵固井队	3	30	3360000	112000	1300.00	220.00	55.00		56井次
CQ-JCDE2019-004	地质录井队	15	6	690000	115000	16.00	3.00		205	
CQ-JCDE2019-005	气测录井队	3	6	690000	115000	132.00	23.00		150	
CQ-JCDE2019-006	综合录井队	4	11	1265000	115000	260.00	43.00		195	
CQ-JCDE2019-007	国产数控测井队	5	11	1287000	117000	726.00	106.00	32.00		1879000计价米
CQ-JCDE2019-008	引进数控测井队	5	11	1287000	117000	1160.00	164.00	35.00		1879000计价米
CQ-JCDE2019-009	国产成像测井队	1	12	1404000	117000	1200.00	165.00	52.00		1561000计价米

①施工队伍定额是在某一个油气区为实施钻井工程需要配套一系列施工队伍的类型、数量标准，例如钻井队、固井队、测井队、录井队的类型和数量。

②人员定额是在某一个油气区为实施钻井工程需要配备的施工队伍人员数量和费用标准，例如钻井队人员定额、测井队人员定额等。

③设备定额是在某一个油气区为实施钻井工程需要配备的施工设备配置数量和费用标准，例如各种钻机配套标准、资产原值、折旧、修理费或摊销等。

④工作量定额是在某一个油气区正常生产组织和施工条件下，某一时间段内钻井施工队伍和设备应该并且能够实施的钻井工程量标准，例如年有效工作时间、年有效工作量等。

(2) 生产条件定额是在某一个油气区正常生产条件下组织实施钻井工程所需要的相关技术标准和有关管理规定。生产条件定额包括油气田和区块划分标准、设备类型划分标准、车辆平均行驶距离、车辆平均行驶速度等。

①油气田和区块划分标准是在某一个油气区范围内根据油气藏地质条件和生产管理需要而划分的油气田和区块。

②设备类型划分标准是在某一个油气区正常生产条件下实施钻井工程各种设备类型归类标准，例如ZJ60DS钻机划归为ZJ70级别钻机。

③车辆平均行驶距离是在某一个油气区正常生产条件下实施钻井工程各种车辆在生产基地、油气田、区块、材料库等之间行驶的平均距离。

④车辆平均行驶速度是在某一个油气区正常生产条件下实施钻井工程各种车辆的平均行驶速度。

4.1.2.2 主要作用

基础定额涵盖了本油气区范围内实施钻井工程的施工队伍类型和各种施工队伍的总体结构，代表了当前生产力条件下的油气区钻井生产总体水平。基础定额是编制消耗定额、费用定额和预算定额的基础，也为总体优化钻井生产组织、提高劳动生产率、有效降低钻井综合成本打下基础。

4.1.3 消耗定额

4.1.3.1 基本概念

消耗定额是在一定的工艺技术和生产组织条件下，施工队伍为实施钻井工程中规定计量单位工程所消耗的人工工时、设备台时以及材料数量的标准。消耗定额包括工时定额和材料定额。

(1) 工时定额指实施钻井工程中某一规定计量单位工程消耗的人工工时和设备台时。

(2) 材料定额指实施钻井工程中某一规定计量单位工程消耗的材料数量。

钻井工程消耗定额示例见表4-2。

表4-2 某油气区钻井工程消耗定额

定额编号				CQ–XHDE2019–G20101–001	CQ–XHDE2019–G20101–002	CQ–XHDE2019–G20101–003	CQ–XHDE2019–G20101–004
钻机级别				ZJ50（施工）	ZJ50（等停）	ZJ70（施工）	ZJ70（等停）
序号	项目	规格型号	计量单位	数量			
1	柴油	0号	t/d	5.50	0.55	6.50	0.65
2	机油		kg/d	16.70	1.67	23.30	2.33
3	生活水		m³/d	10.00	1.50	12.00	1.50

4.1.3.2 主要作用

消耗定额是编制预算定额的基础。消耗定额乘以相对应的工时和材料价格，编制出预算定额中的人工费、设备费、材料费。消耗定额也为施工单位有效节约钻井工程人工、设备、材料消耗和制定考核指标提供了定量标准。

4.1.4 费用定额

4.1.4.1 基本概念

费用定额是在基础定额和消耗定额所规定的生产组织和施工条件下，施工队伍实施钻井工程中规定计量单位工程所消耗的各种费用标准。费用定额包括人工费定额、设备费定额、材料费定额、其他直接费定额、企业管理费定额、工程风险费定额、利润定额。

（1）人工费定额指实施钻井工程中规定计量单位工程所消耗的人工费标准，包括技能工资、岗位工资、各种津贴、保险等与人员有关的全部费用。

（2）设备费定额指实施钻井工程中规定计量单位工程所消耗的设备费标准，包括设备折旧、修理费，有些设备和重复使用的工具按摊销计算，有些设备以某种服务价格表现。

（3）材料费定额指实施钻井工程中规定计量单位工程所消耗的材料费标准。

（4）其他直接费定额指实施钻井工程中规定计量单位工程所直接消耗的但不能归入上述三种费用定额的相关费用标准，例如通信费、日常运输费等。

（5）企业管理费定额指实施钻井工程中规定计量单位工程所要分摊的管理性和辅助性费用标准，是施工企业管理费，包括项目组（部）、分（子）公司和公司总部三级管理费。

（6）工程风险费定额指实施钻井工程中规定计量单位工程所要分摊的风险性费用标准。风险性费用指意外情况下发生的自然灾害、井下复杂或事故，造成时间和材料消耗大幅度增加而发生的费用。

（7）利润定额指施工队伍实施钻井工程中规定计量单位工程而应得的名义利润标准。

钻井工程设备费定额示例见表 4–3。

表 4–3 某油气区钻井工程设备费定额

定额编号	施工队伍	规格型号	费用名称	计量单位	综合单价
CQ—FYDE2019—SBG2—001	ZJ50 钻机钻井队	ZJ45、ZJ50D、ZJ50DB、ZJ50L、ZJ50DBS、ZJ50DZ、F250	折旧	元 /d	15593.43
CQ—FYDE2019—SBG2—002			修理费	元 /d	7796.97
CQ—FYDE2019—SBG2—003	ZJ70 钻机钻井队	ZJ70L、ZJ70D、ZJ70DB、ZJ70LD、ZJ70DBS、ZJ60D、ZJ60DS	折旧	元 /d	17976.15
CQ—FYDE2019—SBG2—004			修理费	元 /d	8988.07
CQ—FYDE2019—SBG2—005	双机双泵固井队	2000 型	折旧	元 / 井次	39285.71
CQ—FYDE2019—SBG2—006			修理费	元 / 井次	9821.43
CQ—FYDE2019—SBG2—007	地质录井队		摊销	元 /d	146.34
CQ—FYDE2019—SBG2—008	气测录井队	SK–101、LH2000	摊销	元 /d	1533.33
CQ—FYDE2019—SBG2—009	综合录井队	SDL–9000、SK–2000C	摊销	元 /d	2205.13

4.1.4.2 主要作用

费用定额是编制预算定额的基础,预算定额中人工费、设备费、材料费、其他直接费、管理费、风险费、利润由费用定额计算得出。费用定额也为施工单位有效节约钻井工程各项费用和制定费用考核指标提供了定量标准。

4.1.5 预算定额

4.1.5.1 基本概念

预算定额指实施钻井工程中规定计量单位工程所消耗的人工、设备、材料和其他项目的费用标准。钻井工程预算定额包括钻前工程预算定额、钻进工程预算定额、完井工程预算定额。预算定额是一种综合单价,由直接费、间接费、利润3部分构成,主要表现形式有分部分项工程综合单价、队伍施工综合单价、主要材料综合单价、材料运输综合单价、其他作业综合单价等。

（1）分部分项工程综合单价是按照规定计量单位分部分项工程所消耗的人工、设备、材料和其他项目的综合单位价格,例如道路修建综合单价、井场修建综合单价。

（2）队伍施工综合单价是钻井工程施工队伍实施规定计量单位工程所消耗的人工、设备、材料和其他项目的综合单位价格,例如钻井队施工综合单价、录井队施工综合单价。

（3）主要材料综合单价是钻井工程中按照规定计量单位单独核算的主要材料综合单位价格,例如钻头、套管等主要材料的综合单价。

（4）材料运输综合单价是钻井工程施工过程中按照规定计量单位运送材料的综合单位价格,例如各种卡车、罐车的运输价格。

（5）其他作业综合单价是钻井工程施工过程中按照规定计量单位实施其他作业的综合单位价格,例如废弃钻井液环保处理价格。

钻井队伍施工预算定额示例见表4-4。

表4-4 某油气区钻井队伍施工预算定额

定额编号				CQ-YSDE2019-G20101-001	CQ-YSDE2019-G20101-003
钻机级别				ZJ50（施工）	ZJ70（施工）
序号	项目	规格型号	计量单位	金额	
	综合单价		元/d	107522.75	119566.24
1	直接费		元/d	94045.96	104579.94
1.1	人工费		元/d	27525.26	26986.24
1.2	设备费		元/d	23390.40	26964.22
1.2.1	折旧		元/d	15593.43	17976.15
1.2.2	修理费		元/d	7796.97	8988.07
1.3	材料费		元/d	41180.30	48529.48
1.3.1	柴油费	0号	元/d	35750.00	42250.00

续表

序号	项目	规格型号	计量单位	金额	
1.3.2	机油费		元/d	362.22	505.38
1.3.3	生活水费		元/d	80.00	96.00
1.3.4	其他材料费		元/d	4988.08	5678.10
1.4	其他直接费		元/d	1950.00	2100.00
1.4.1	通信费		元/d	120.00	120.00
1.4.2	日常运输费		元/d	1780.00	1920.00
1.4.3	其他费		元/d	50.00	60.00
2	间接费		元/d	10345.06	11503.79
2.1	企业管理费		元/d	7523.68	8366.39
2.2	工程风险费		元/d	2821.38	3137.40
3	利润		元/d	3131.73	3482.51

4.1.5.2 主要作用

预算定额是一种综合性计价定额，是编制概算指标的基础。预算定额是建设单位编制钻井工程初设概算、设计预算、招标标底和确定合同价格、实施工程结算的主要依据，是施工单位编制钻井工程成本预算、投标报价和确定合同价格、实施工程结算的主要依据，也为建设单位和施工单位进行经济活动分析、制定考核指标提供了定价依据。

4.1.6 工程建设其他定额

4.1.6.1 基本概念

工程建设其他定额是在实施钻井工程过程中非钻井工程实体消耗，但与实施钻井工程密切相关的费用标准。工程建设其他定额包括建设管理定额、工程设计定额、用地定额、环保管理定额、工程保险定额、预备费定额、贷款利息定额、增值税定额。

4.1.6.2 主要作用

工程建设其他定额是编制概算指标的基础。工程建设其他定额是建设单位编制钻井工程可研估算、初设概算、设计预算、招标标底和确定合同价格、实施工程结算和竣工决算的主要依据，是施工单位编制钻井工程成本预算、投标报价和确定合同价格、实施工程结算的主要依据。

4.1.7 概算定额

4.1.7.1 基本概念

概算定额是在一定的生产组织方式和生产条件下，在某一个油气区范围内实施一口标准井钻井工程的总体工程量消耗标准。

标准井是代表本油气区现有钻井生产力水平的一种样板井，表明在一个区块或油气藏正常钻井施工条件下一口井的工程消耗。基于标准井的概算定额是按照工程量清单计算规则，建立某一个油气区一口标准井的全部工程量数量标准，示例见表4-5中基础数据和工程量清单计价中的序号、项目编码、项目名称、项目特征、计量单位、工程量。

4.1.7.2 主要作用

概算定额是一种综合性消耗定额，是编制概算指标的基础。概算定额是建设单位编制钻井工程初设概算、设计预算、招标标底和确定合同价格、实施工程结算的主要依据，是施工单位编制钻井工程成本预算、投标报价和确定合同价格、实施工程结算的主要依据，也为建设单位和施工单位进行经济活动分析、制定考核指标提供了定量依据。

4.1.8 概算指标

4.1.8.1 基本概念

概算指标是在某一个油气区中实施一口标准井的全部工程造价标准。概算指标包括基础数据和工程量清单计价两部分。基础数据表明了标准井的主要特征，包括建设单位、油气田、区块、目的层、井别、井型、井身结构、井深、垂直井深、造斜点、水平位移、水平段长、压裂段数、钻井周期、完井周期、压裂周期、钻井设备、完井设备、压裂设备、税前单位造价、含税单位造价、税前单井造价、含税单井造价等23项内容，可根据需要增减基础数据项目。工程量清单计价包括钻井工程费、工程建设其他费、预备费和贷款利息。钻井工程概算指标示例见表4-5。

4.1.8.2 主要作用

概算指标是一种综合性计价指标，是编制估算指标的基础。概算指标是建设单位编制钻井工程初设概算、设计预算、招标标底和确定合同价格的主要依据，是施工单位编制钻井工程成本预算、投标报价和确定合同价格的主要依据，也是建设单位和施工单位实施标准井管理的基础。

标准井管理是根据近年本油气区实际完成的典型井参数，按照标准化工程项目、标准化费用项目、标准化计价方法，合理确定工程消耗和造价，建立若干个标准化样板工程，用于科学投资决策和钻井生产组织。

表 4-5　建设单位钻井工程概算指标示例

指标编号			DGYT-KF-ZJZB2019003		
基础数据					
序号	项目	主要参数	序号	项目	主要参数
1	建设单位	××××× 公司	8	井深 (m)	4950
2	油气田	××× 气田	9	垂直井深 (m)	3200
3	区块	××× 区块	10	造斜点 (m)	2900
4	目的层	××× 组	11	水平位移 (m)	1850
5	井别	开发井	12	水平段长 (m)	1500
6	井型	水平井	13	压裂段数 (段)	21
7	井身结构	一开：钻头 660.4mm×50m/套管 508.0mm×48m 二开：钻头 444.5mm×700m/套管 339.7mm×698m 三开：钻头 311.1mm×2900m/套管 244.5mm×2898m 四开：钻头 215.9mm×4950m/套管 139.7mm×4945m	14	钻井周期 (d)	70
			15	完井周期 (d)	15
			16	压裂周期 (d)	25
			17	钻井设备类型	ZJ50 钻机
			18	完井设备类型	ZJ50 钻机（原钻机）
			19	压裂设备类型	2000 型压裂车组
税前单位造价 (元/m)		12409	税前单井造价 (万元/口)		6142.41
含税单位造价 (元/m)		13672	含税单井造价 (万元/口)		6767.49

— 30 —

4 钻井工程造价管理手段

续表

工程量清单计价

序号	项目编码	项目名称	项目特征	计量单位	工程量	综合单价(元)	税前合价(元)	税率(%)	税金(元)	含税合价(元)	比例①(%)
1	G	钻井工程费		口	1		57071369		5814729	62886098	92.92
2	G1	钻前工程费		口	1		1994877		177634	2172511	3.21
3	G101	勘测工程费	6口井平均分摊，钻前工程设计	口	1	21800	21800	6	1308	23108	0.03
4	G102	道路工程费	6口井平均分摊	口	1	300000	300000	9	27000	327000	0.48
5	G103	井场工程费	6口井平均分摊	口	1	455100	455100	9	40959	496059	0.73
6	G104	动迁工程费	2个平台12口井，2部钻机分摊	口	1	176277	176277	9	15865	192142	0.28
7	G105	供水工程费	场内供水＋场外供水	口	1	700000	700000	9	63000	763000	1.13
8	G106	供电工程费	场内供电＋场外供电	口	1	300000	300000	9	27000	327000	0.48
9	G107	其他作业费		口	1		41700		2502	44202	0.07
10	G10701	工程拆迁费	道路拆迁补偿	口	1	41700	41700	6	2502	44202	0.07
11	G2	钻进工程费		口	1		26630352		2679946	29310298	43.31
12	G201	钻井作业费		口	1		8112550		844632	8957182	13.24
13	G20101	钻井施工费		d	1		5250000		472500	5722500	8.46
14	G2010101	一开施工费		d	3	75000	225000	9	20250	245250	0.36
15	G2010102	二开施工费		d	9	75000	675000	9	60750	735750	1.09
16	G2010103	三开施工费		d	24	75000	1800000	9	162000	1962000	2.90
17	G2010104	四开施工费		d	34	75000	2550000	9	229500	2779500	4.11
18	G20102	钻井材料费		口	1		2862550		372132	3234682	4.78
19	G2010201	钻头费		口	1		762300		99099	861399	1.27
20	G2010201B001	660.4mm钻头		m	50	154	7700	13	1001	8701	0.01

— 31 —

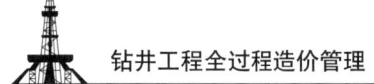

续表

序号	项目编码	项目名称	项目特征	计量单位	工程量	综合单价（元）	税前合价（元）	税率（%）	税金（元）	含税合价（元）	比例[①]（%）
21	G2010201B002	444.5mm 钻头		m	650	154	100100	13	13013	113113	0.17
22	G2010201B003	311.1mm 钻头		m	2200	154	338800	13	44044	382844	0.57
23	G2010201B004	215.9mm 钻头		m	2050	154	315700	13	41041	356741	0.53
24	G2010202	钻井液材料费		口	1		2100250	13	273033	2373283	3.51
25	G201020201	一开材料费	聚合物，密度 1.07～1.15g/cm³	m	50	155	7750	13	1008	8758	0.01
26	G201020202	二开材料费	KCl－聚合物、钾－聚磺，密度 1.07～1.15g/cm³	m	700	155	108500	13	14105	122605	0.18
27	G201020203	三开材料费	钾－聚磺，密度 2.05～2.13g/cm³	m	2900	155	449500	13	58435	507935	0.75
28	G201020204	四开材料费	油基钻井液，密度 2.05～2.40g/cm³	m	4950	310	1534500	13	199485	1733985	2.56
29	G202	钻井服务费		口	1		5843660		525929	6369589	9.41
30	G20201	管具服务费	含 88.9mm 钻具一套	口	1		1084000		97560	1181560	1.75
31	G2020101	一开管具服务费		m	50	80	4000	9	360	4360	0.01
32	G2020102	二开管具服务费		m	700	80	56000	9	5040	61040	0.09
33	G2020103	三开管具服务费		m	2900	80	232000	9	20880	252880	0.37
34	G2020104	四开管具服务费		m	4950	160	792000	9	71280	863280	1.28
35	G20202	井控服务费		口	1		316710	9	28504	345214	0.51
36	G2020201	一开井控服务费		d	3	3726	11178	9	1006	12184	0.02
37	G2020202	二开井控服务费		d	9	3726	33534	9	3018	36552	0.05
38	G2020203	三开井控服务费		d	24	3726	89424	9	8048	97472	0.14
39	G2020204	四开井控服务费		d	49	3726	182574	9	16432	199006	0.29
40	G20207	顶驱服务费		口	1		702950	9	63266	766216	1.13

续表

序号	项目编码	项目名称	项目特征	计量单位	工程量	综合单价（元）	税前合价（元）	税率（%）	税金（元）	含税合价（元）	比例①（%）
41	G2020701	一开顶驱服务费		d	3	8270	24810	9	2233	27043	0.04
42	G2020702	二开顶驱服务费		d	9	8270	74430	9	6699	81129	0.12
43	G2020703	三开顶驱服务费		d	24	8270	198480	9	17863	216343	0.32
44	G2020704	四开顶驱服务费		d	49	8270	405230	9	36471	441701	0.65
45	G2020708	旋转导向服务费	四开使用	d	34	110000	3740000	9	336600	4076600	6.02
46	G203	固井作业费		口	1		7904617		938331	8842948	13.07
47	G20301	固井施工费		口	1		1717800		154602	1872402	2.77
48	G2030101	一开固井施工费	508.0mm 套管固井	m	48	200	9600	9	864	10464	0.02
49	G2030102	二开固井施工费	339.7mm 套管固井	m	698	200	139600	9	12564	152164	0.22
50	G2030103	三开固井施工费	244.5mm 套管固井	m	2898	200	579600	9	52164	631764	0.93
51	G2030104	四开固井施工费	139.7mm 套管固井	m	4945	200	989000	9	89010	1078010	1.59
52	G20302	固井材料费		口	1		5893147		766109	6659256	9.84
53	G2030201	套管费		口	1		4905936		637772	5543708	8.19
54	G2030201B001	508.0mm 套管	壁厚12.7mm，单重135.44kg/m，长圆扣，钢级 BG110S	m	48	792	38016	13	4942	42958	0.06
55	G2030201B002	339.7mm 套管	壁厚12.19mm，单重97.78kg/m，长圆扣，钢级 BG110S	m	698	600	418800	13	54444	473244	0.70
56	G2030201B003	244.5mm 套管	壁厚11.99mm，单重68.27kg/m，长圆扣，钢级 BG110TS	m	2898	665	1927170	13	250532	2177702	3.22
57	G2030201B004	139.7mm 套管	壁厚12.7mm，单重37.73kg/m，VAM扣，钢级 CBV140	m	4945	510	2521950	13	327854	2849804	4.21
58	G2030202	套管附件费		口	1		183460		23850	207310	0.31

续表

序号	项目编码	项目名称	项目特征	计量单位	工程量	综合单价（元）	税前合价（元）	税率（%）	税金（元）	含税合价（元）	比例①（%）
59	G2030202B001	508.0mm 套管附件		m	48	21	1025	13	133	1159	0.00
60	G2030202B002	339.7mm 套管附件		m	698	21	14909	13	1938	16847	0.02
61	G2030202B003	244.5mm 套管附件		m	2898	21	61901	13	8047	69948	0.10
62	G2030202B004	139.7mm 套管附件		m	4945	21	105625	13	13731	119356	0.18
63	G2030204	水泥费		口	1		321900	13	41847	363747	0.54
64	G2030204O1	一开水泥费		m	50	375	18750	13	2438	21188	0.03
65	G2030204O2	二开水泥费		m	700	84	58800	13	7644	66444	0.10
66	G2030204O3	三开水泥费		m	2900	45	130500	13	16965	147465	0.22
67	G2030204O4	四开水泥费		m	4950	23	113850	13	14801	128651	0.19
68	G2030205	水泥外加剂费		口	1		481850	13	62641	544491	0.80
69	G2030205O1	一开水泥外加剂费		m	50	563	28150	13	3660	31810	0.05
70	G2030205O2	二开水泥外加剂费		m	700	126	88200	13	11466	99666	0.15
71	G2030205O3	三开水泥外加剂费		m	2900	68	197200	13	25636	222836	0.33
72	G2030205O4	四开水泥外加剂费		m	4950	34	168300	13	21879	190179	0.28
73	G2030304	固井服务费		口	1		293670	6	17620	311290	0.46
74	G2030401	套管检测费		口	1		257670	6	15460	273130	0.40
75	G2030401B001	508.0mm 套管		m	48	30	1440	6	86	1526	0.00
76	G2030401B002	339.7mm 套管		m	698	30	20940	6	1256	22196	0.03
77	G2030401B003	244.5mm 套管		m	2898	30	86940	6	5216	92156	0.14
78	G2030401B004	139.7mm 套管		m	4945	30	148350	6	8901	157251	0.23
79	G2030405	试压服务费	井口试压	次	12	3000	36000	6	2160	38160	0.06

续表

序号	项目编码	项目名称	项目特征	计量单位	工程量	综合单价(元)	税前合价(元)	税率(%)	税金(元)	含税合价(元)	比例(%)
80	G204	测井作业费		口	1		1368125		82088	1450213	2.14
81	G20401	测井施工费		口	1		1243750		74625	1318375	1.95
82	G2040101	一次测井施工费	二开裸眼井测井	计价米	1350	28	37800	6	2268	40068	0.06
83	G2040102	二次测井施工费	339.7mm套管固井质量检测	计价米	1350	27	36450	6	2187	38637	0.06
84	G2040103	三次测井施工费	三开裸眼井测井	计价米	5100	28	142800	6	8568	151368	0.22
85	G2040104	四次测井施工费	244.5mm套管固井质量检测	计价米	5100	27	137700	6	8262	145962	0.22
86	G2040105	五次测井施工费	四开裸眼井测井（常规+元素）	计价米	7000	100	700000	6	42000	742000	1.10
87	G2040106	六次测井施工费	139.7mm套管固井质量检测	计价米	7000	27	189000	6	11340	200340	0.30
88	G20402	资料处理解释费		口	1		124375		7463	131838	0.19
89	G2040201	一次资料处理解释费	按测井施工费10%计算	%	10	37800	3780	6	227	4007	0.01
90	G2040202	二次资料处理解释费	按测井施工费10%计算	%	10	36450	3645	6	219	3864	0.01
91	G2040203	三次资料处理解释费	按测井施工费10%计算	%	10	142800	14280	6	857	15137	0.02
92	G2040204	四次资料处理解释费	按测井施工费10%计算	%	10	137700	13770	6	826	14596	0.02
93	G2040205	五次资料处理解释费	按测井施工费10%计算	%	10	700000	70000	6	4200	74200	0.11
94	G2040206	六次资料处理解释费	按测井施工费10%计算	%	10	189000	18900	6	1134	20034	0.03
95	G205	录井作业费		口	1		572000		34320	606320	0.90
96	G20501	录井施工费		口	1		572000		34320	606320	0.90
97	G2050101	一开录井施工费	综合录井+数据传输+资料整理	d	3	5500	16500	6	990	17490	0.03
98	G2050102	二开录井施工费	综合录井+数据传输+资料整理	d	9	5500	49500	6	2970	52470	0.08
99	G2050103	三开录井施工费	综合录井+数据传输+资料整理	d	24	5500	132000	6	7920	139920	0.21

— 35 —

续表

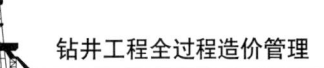

序号	项目编码	项目名称	项目特征	计量单位	工程量	综合单价（元）	税前合价（元）	税率（%）	税金（元）	含税合价（元）	比例①（%）
100	G2050104	四开录井施工费	综合录井+数据传输+资料整理+元素录井	d	34	11000	374000	6	22440	396440	0.59
101	G206	其他作业费		口	1		2829400	9	254646	3084046	4.56
102	G20601	环保处理费		口	1	2829400	2829400	9	254646	3084046	4.56
103	G3	完井工程费		口	1		28446140		2957149	31403289	46.40
104	G302	完井作业费		口	1		4740000		418850	5158850	7.62
105	G30201	完井施工费	原钻机小钻杆通井	d	15	75000	1125000	6	67500	1192500	1.76
106	G30202	完井材料费		口	1		650000	13	84500	734500	1.09
107	G3020201	井口装置费		套	1	120000	120000	13	15600	135600	0.20
108	G3020202	油管费	73.0mm油管，壁厚5.51mm	m	2800	100	280000	13	36400	316400	0.47
109	G3020204	完井工具费	挡端阀	口	1	250000	250000	13	32500	282500	0.42
110	G30204	完井服务费		口	1		2965000		266850	3231850	4.78
111	G3020401	特车作业费	泵车，水罐车等	口	1	1100000	1100000	9	99000	1199000	1.77
112	G3020402	连续油管作业费	带压下油管	口	1	500000	500000	9	45000	545000	0.81
113	G3020403	下桥塞费	下电缆桥塞	段	21	65000	1365000	9	122850	1487850	2.20
114	G305	射孔作业费		口	1		628740	9	56587	685327	1.01
115	G30501	射孔施工费		射孔米	63	9980	628740	9	56587	685327	1.01
116	G306	测试作业费		口	1		325000	6	19500	344500	0.51
117	G30601	地面计量费		d	25	13000	325000	6	19500	344500	0.51
118	G307	压裂作业费		口	1		21902400		2385712	24288112	35.89
119	G30701	压前配液费	压裂液体检测费	次	1	70000	70000	9	6300	76300	0.11

续表

序号	项目编码	项目名称	项目特征	计量单位	工程量	综合单价（元）	税前合价（元）	税率（%）	税金（元）	含税合价（元）	比例①（%）
120	G30702	压裂施工费		段	21	520000	10920000	9	982800	11902800	17.59
121	G30703	压裂材料费	化工料、支撑剂、压裂用水和闸板阀	口	1	10362400	10362400	13	1347112	11709512	17.30
122	G30705	压裂服务费		口	1		550000	9	49500	599500	0.89
123	G3070501	微地震监测费		口	1	550000	550000	9	49500	599500	0.89
124	G309	其他作业费		口	1		850000	9	76500	926500	1.37
125	G30901	环保处理费	返排液拉运、处理	口	1	850000	850000	9	76500	926500	1.37
126	Q	工程建设其他费		口	1		1123367		107421	1230788	1.82
127	Q1	建设管理费		口	1		245000		14700	259700	0.38
128	Q101	建设单位管理费		口	1	150000	150000	6	9000	159000	0.23
129	Q102	钻井工程监督费		口	1		95000	6	5700	100700	0.15
130	Q102B001	钻前工程监理费		口	1	10000	10000	6	600	10600	0.02
131	Q102B002	钻井监督费		d	85	1000	85000	6	5100	90100	0.13
132	Q2	工程设计费		口	1		110000		6600	116600	0.17
133	Q201	钻井设计费		口	1		90000	6	5400	95400	0.14
134	Q20101	钻井地质设计费		口	1	30000	30000	6	1800	31800	0.05
135	Q20102	钻井工程设计费		口	1	60000	60000	6	3600	63600	0.09
136	Q202	完井设计费		口	1		20000	6	1200	21200	0.03
137	Q20204	压裂工程设计费	6口井平均分摊	口	1	20000	20000	6	1200	21200	0.03
138	Q3	用地费		口	1		571700		74321	646021	0.95
139	Q301	临时用地费	6口井平均分摊	口	1	151700	151700	13	19721	171421	0.25

— 37 —

续表

序号	项目编码	项目名称	项目特征	计量单位	工程量	综合单价（元）	税前合价（元）	税率（%）	税金（元）	含税合价（元）	比例[1]（%）
140	Q302	长期用地费	6口井平均分摊	口	1	420000	420000	13	54600	474600	0.70
141	Q4	环保管理费		口	1		196667	6	11800	208467	0.31
142	Q401	环境影响评价费	6口井平均分摊	次	1	150000	150000	6	9000	159000	0.23
143	Q402	环保监测费		次	1	20000	20000	6	1200	21200	0.03
144	Q403	地质灾害评估费		次	1	10000	10000	6	600	10600	0.02
145	Q405	矿产压覆调查费		次	1	16667	16667	6	1000	17667	0.03
146	Y	预备费		口	1		1745842			1923507	2.84
147	Y1	基本预备费	计算基数：钻井工程费+工程建设其他费	%	3		1745842			1923507	2.84
148	D	贷款利息	计算基数：(钻井工程费+工程建设其他费+预备费)×55%	%	4.5		1483529			1634500	2.42

[1] 每项工程费占单井造价的比例，数值等于含税合价除以含税单井造价。

— 38 —

概算指标主要作用体现在以下几个方面：

（1）概算指标将本油气区的定额类计价标准和指标类计价标准联系起来，形成一套完整的计价标准体系。

（2）概算指标非常直观地将本油气区一口标准井的主要钻井工程参数、工程量和工程造价显现出来，信息高度清晰透明，便于进行分析和投资决策。

（3）概算指标可以直接快速地用于建设单位优化编制勘探开发方案和安排年度钻井投资计划。

（4）概算指标用于建设单位优化钻井工程投资预算，根据标准井项目明细优化措施工作量，实施限额设计。

（5）概算指标用于建设单位和施工单位双方签订总包合同，概算指标中钻井工程费部分可以直接作为钻井总承包价格。

（6）概算指标用于建设单位和施工单位双方共同制订鼓励性钻井合同条款，可以根据标准井工程量清单和价格制订奖励与处罚措施，有利于形成公平有序竞争的良好局面。

（7）概算指标用于施工单位科学组织施工队伍，可以根据标准井工程量合理安排施工队伍，提高劳动生产率，降低钻井综合成本。

4.1.9 估算指标

4.1.9.1 基本概念

估算指标是在某一个油气区中同一类井钻井工程综合平均造价标准。估算指标包括基础数据和工程量清单计价两部分。基础数据包括建设单位、油气田、区块、目的层、井别、井型、井身结构、井深、钻井周期、完井周期、税前单位造价、含税单位造价、税前单井造价、含税单井造价等14项内容，可根据需要增减基础数据项目。工程量清单计价包括钻井工程费、工程建设其他费、预备费、贷款利息等内容。估算指标是在概算指标基础上进一步综合，比概算指标内容更粗。钻井工程估算指标示例见表4–6。

4.1.9.2 主要作用

估算指标是编制参考指标的基础，是建设单位编制油气勘探开发项目可行性研究中钻井工程投资估算和钻井年度投资框架建议计划的主要依据。

4.1.10 参考指标

4.1.10.1 基本概念

参考指标是某一个油气区的钻井工程综合平均投资标准。参考指标通常包括油气公司参考指标、建设单位参考指标、油气田参考指标等。参考指标按井别可分为探井参考指标、评价井参考指标、开发井参考指标和综合参考指标。参考指标是在估算指标基础上进一步综合，比估算指标内容更粗。钻井工程参考指标示例见表4–7。

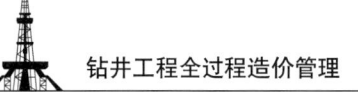

表 4-6 钻井工程估算指标示例

指标编号				DGYT-KF-GSZB2019003		
基础数据						
序号	项目	主要参数		序号	项目	主要参数
1	建设单位	×××××公司		6	井型	水平井
2	油气田	×××气田		7	井身结构	四开
3	区块	×××区块		8	井深 (m)	5600
4	目的层	×××组		9	钻井周期 (d)	83
5	井别	开发井		10	完井周期 (d)	18
税前单位造价 (元/m)		12005		税前单井造价 (万元/口)		6803.36
含税单位造价 (元/m)		13153		含税单井造价 (万元/口)		7453.55

工程量清单计价

序号	项目编码	项目名称	项目特征	计量单位	工程量	综合单价 (元)	税前合价 (元)	税率 (%)	税金 (元)	含税合价 (元)	比例[①] (%)
1	G	钻井工程费		口	1		63327062		6394074	69721136	93.54
2	G1	钻前工程费		口	1		1994877		177634	2172511	2.91
3	G101	勘测工程费	井位测量、地质勘查、勘测设计、钻前工程设计	口	1	21800	21800	6	1308	23108	0.03
4	G102	道路工程费	新建道路、维修道路、修建桥涵	口	1	300000	300000	9	27000	327000	0.44
5	G103	井场工程费	井场、生活区修建、设备基础、池类、围堰、隔离带构筑	口	1	455100	455100	9	40959	496059	0.67
6	G104	动迁工程费	设备动迁及钻井队动员	口	1	176277	176277	9	15865	192142	0.26
7	G105	供水工程费	场内供水+场外供水	口	1	700000	700000	9	63000	763000	1.02
8	G106	供电工程费	场内供电+场外供电	口	1	300000	300000	9	27000	327000	0.44
9	G107	其他作业费	钻前工程拆迁	口	1	41700	41700	6	2502	44202	0.06
10	G2	钻进工程费		口	1		32301045		3224191	35525236	47.66

— 40 —

续表

序号	项目编码	项目名称	项目特征	计量单位	工程量	综合单价(元)	税前合价(元)	税率(%)	税金(元)	含税合价(元)	比例(%)
11	G201	钻井作业费		口	1		11149800		1134573	12284373	16.48
12	G20101	钻井施工费	ZJ70D钻机	d	83	95000	7885000	9	709650	8594650	11.53
13	G20102	钻井材料费	钻头、钻井液材料、生产用水	m	5600	583	3264800	13	424424	3689224	4.95
14	G202	钻井服务费		口	1		6877607		618984	7496591	10.06
15	G20201	管具服务费		口	1	1225345	1225345	9	110281	1335626	1.79
16	G20202	井控服务费		口	1	377568	377568	9	33981	411549	0.55
17	G20207	顶驱服务费		口	1	838027	838027	9	75422	913449	1.23
18	G20208	旋转导向服务费		口	1	4436667	4436667	9	399300	4835967	6.49
19	G203	固井作业费		口	1		8840653		1049409	9890062	13.27
20	G20301	固井施工费		口	1	1927800	1927800	9	173502	2101302	2.82
21	G20302	固井材料费	套管、套管附件、固井工具、水泥、水泥外加剂	m	5600	1176	6587665	13	856396	7444061	9.99
22	G20304	固井服务费	套管检测、水泥试验、水泥混井、下套管服务、试压服务	口	1	325188	325188	6	19511	344699	0.46
23	G204	测井作业费	二开、三开、四开裸眼井测井+固井质量检测	口	1	1577968	1577968	6	94678	1672646	2.23
24	G205	录井作业费	综合录井+数据传输+资料整理+元素录井	口	1	680167	680167	6	40810	720977	0.97
25	G206	其他工程费	钻井废弃物拉运及处理	口	1	3174850	3174850	9	285737	3460587	4.64
26	G3	完井工程费		口	1		29031140		2992249	32023389	42.96
27	G302	完井作业费		口	1	3960000	3960000		331100	4291100	5.76
28	G30201	完井施工费	原钻机小钻杆通井	d	18	95000	1710000	6	102600	1812600	2.43
29	G30202	完井材料费	井口装置、油管、完井工具	口	1	650000	650000	13	84500	734500	0.99

续表①

序号	项目编码	项目名称	项目特征	计量单位	工程量	综合单价（元）	税前合价（元）	税率（%）	税金（元）	含税合价（元）	比例①（%）
30	G30204	完井服务费	特车、连续油管作业及下桥塞	口	1	1600000	1600000	9	144000	1744000	2.34
31	G305	射孔作业费		口	1	31647	1993740	9	179437	2173177	2.92
32	G306	测试作业费	地面计量	口	1	13000	325000	6	19500	344500	0.46
33	G307	压裂作业费		口	1		21902400		2385712	24288112	32.59
34	G30701	压前配液费	压裂液体检测	口	1	70000	70000	9	6300	76300	0.10
35	G30702	压裂施工费		口	1	10920000	10920000	9	982800	11902800	15.97
36	G30703	压裂材料费	化工料、支撑剂、压裂用水和闸板阀	口	1	10362400	10362400	13	1347112	11709512	15.71
37	G30705	微地震监测费		口	1	550000	550000	9	49500	599500	0.80
38	G309	其他作业费	返排液拉运、处理	口	1	850000	850000	9	76500	926500	1.24
39	Q	工程建设其他费					1129700		107801	1237501	1.66
40	Q1	建设管理费		口	1	251333	251333	6	15080	266413	0.36
41	Q2	工程设计费	钻井地质设计、钻井工程设计、压裂工程设计	口	1	110000	110000	6	6600	116600	0.16
42	Q3	用地费	临时用地 + 长期用地	口	1	571700	571700	13	74321	646021	0.87
43	Q4	环保理费	环境影响评价、环保监测、地质灾害评估、矿产压覆调查	口	1	196667	196667	6	11800	208467	0.28
44	Y	预备费	计算基数：钻井工程费 + 工程建设其他费	%	3	1933703	1933703			1933703	2.59
45	Y1	基本预备费	计算基数：（钻井工程费 + 工程建设其他费 + 预备费）× 55%	%	3	1933703	1933703			1933703	2.59
46	D	贷款利息		%	4.5		1643164			1643164	2.20

① 每项工程费占单井造价的比例，数值等于含税合价除以含税单井造价。

表 4-7 某建设单位钻井工程参考指标示例

序号	指标编号	单位	税前单位造价（元/m）			税前单井造价（万元/口）			含税单位造价（元/m）			含税单井造价（万元/口）		
			探井	评价井	开发井	综合	探井	评价井	开发井	综合	探井	评价井	开发井	综合	探井	评价井	开发井	综合
1	DGYT-CKZB2019	×××公司	18790	15621	12515	15642	9391	7854	6269	7838	20688	17199	13779	17222	10340	8647	6902	8630
2	DGYT-CKZB2019001	AA气田	19819	15855	13213	16296	8555	6844	5703	7034	21818	17454	14545	17939	9418	7534	6279	7744
3	DGYT-CKZB2019002	BB气田	19902	15548	12439	15963	10183	7956	6364	8168	21918	17123	13699	17580	11215	8761	7009	8995
4	DGYT-CKZB2019003	CC气田	16650	15461	11893	14668	9435	8761	6739	8312	18329	17020	13092	16147	10387	9645	7419	9150

4.1.10.2 主要作用

参考指标是建设单位编制油气勘探开发项目中长期规划中钻井工程投资和油气勘探开发项目预可行性研究（立项建议书）中钻井工程投资的主要依据。

4.2 钻井工程计价方法体系

4.2.1 计价方法概念

钻井工程计价方法是钻井工程项目从决策开始到竣工结束各阶段建设费用的编制方法。根据油气勘探开发项目建设基本程序及相关规定，全过程钻井工程计价方法主要内容包括：

（1）中长期规划编制方法。5年、10年等中长期发展规划中钻井工程投资编制方法。
（2）年度计划编制方法。年度业务发展和投资计划中钻井工程投资编制方法。
（3）可研估算编制方法。预可行性研究和可行性研究报告中钻井工程投资估算编制方法。
（4）初设概算编制方法。初步设计方案中钻井工程投资概算编制方法。
（5）设计预算编制方法。区块标准井、单井设计中钻井工程投资预算或成本预算编制方法。
（6）招标标底编制方法。招标文件中钻井工程标底编制方法。
（7）投标报价编制方法。投标文件中钻井工程投标报价编制方法。
（8）合同价格编制方法。钻井工程中标后合同价格编制方法。
（9）施工结算编制方法。钻井工程完成后施工结算编制方法。
（10）竣工决算编制方法。勘探开发项目钻井工程竣工后决算编制方法。
（11）投资后评价编制方法。油气勘探项目和油气田开发建设项目后评价中钻井工程投资评价方法。

建设单位钻井工程计价方法体系包括中长期规划、可研估算、初设概算、年度计划、设计预算、招标标底、合同价格、施工结算、竣工决算、投资后评价的编制方法。施工单位钻井工程计价方法体系包括成本预算、投标报价、合同价格、施工结算的编制方法。

4.2.2 主要计价方法

根据钻井工程全过程造价管理基本程序，钻井工程主要计价方法包括参考指标法、估算指标法、概算指标法、综合单价法、造价指数法、工程类比法、历史成本法、比例系数法等。

4.2.2.1 参考指标法

参考指标法指采用钻井工程参考指标和油气勘探开发建设项目中钻井工程量编制钻井工程投资的方法。参考指标模式见表4–7。

在油气勘探开发建设项目中，钻井工程投资采用各种井别的钻井工程单井造价乘以对应钻井工程量的方法计算。

$$V_1 = \sum_{i=1}^{N}(C_{1_i} \times W_{1_i}) \qquad (4-1)$$

式中　V_1——油气勘探开发建设项目中钻井工程投资，万元；
　　　N——油气勘探开发建设项目中包含的井别数量，种；
　　　C_{1_i}——某一种井别的钻井工程参考指标，万元/口；
　　　W_{1_i}——某一种井别所对应的钻井井数，口。

也可以采用式（4-2）计算钻井工程投资：

$$V_1 = \sum_{i=1}^{N}(P_{1_i} \times Q_{1_i}) \div 10000 \qquad (4-2)$$

式中　V_1——油气勘探开发建设项目中钻井工程投资，万元；
　　　N——油气勘探开发建设项目中包含的井别数量，种；
　　　P_{1_i}——某一种井别的钻井工程参考指标，元/m；
　　　Q_{1_i}——某一种井别所对应的钻井进尺，m。

例如，某油田开发井参考指标为1800元/m，开发井规划进尺工程量为20×10^4m；探井参考指标为2000元/m，探井规划进尺工程量为8×10^4m；则钻井工程投资$V_1 =$（$1800 \times 20 \times 10^4 + 2000 \times 8 \times 10^4$）$\div 10000 = 52000$万元。

4.2.2.2　估算指标法

估算指标法指采用钻井工程估算指标和油气勘探开发建设项目中钻井工程量编制钻井工程投资的方法。估算指标模式见表4-6。

方法一：直接套用估算指标中的单井造价或单位造价，乘以对应的油气勘探开发建设项目中钻井工程量，计算得出钻井工程投资，计算公式同参考指标法一样。

方法二：首先，根据油气勘探开发建设项目中钻井工程设计参数，选用最接近的钻井工程估算指标；其次，调整估算指标中相关工程量、综合单价、税率，得出一个新估算指标；最后，采用新估算指标中的单井造价或单位造价，乘以对应的油气勘探开发建设项目中钻井工程量，计算得出钻井工程投资，计算公式同参考指标法一样。

4.2.2.3　概算指标法

概算指标法指采用钻井工程概算指标和油气勘探开发建设项目中钻井工程量编制钻井工程投资的方法。概算指标模式见表4-5。

方法一：直接套用概算指标中的单井造价或单位造价，乘以对应的油气勘探开发建设项目中钻井工程量，计算得出钻井工程投资，计算公式同参考指标法一样。

方法二：首先，根据油气勘探开发建设项目中钻井工程设计参数，选用最接近的钻井工程概算指标；其次，调整概算指标中相关工程量、综合单价、税率，得出一个新概算指标；最后，采用新概算指标中的单井造价或单位造价，乘以对应的油气勘探开发建设项目中钻井工程量，计算得出钻井工程投资，计算公式同参考指标法一样。

4.2.2.4 综合单价法

钻井工程综合单价是完成一个规定计量单位的钻井工程工程量清单项目所需要的人工费、设备费、材料费、其他直接费、企业管理费、工程风险费、利润的总和。综合单价由直接费、间接费、利润3部分构成，如图4-2所示。综合单价指标模式见表4-4。

图4-2 钻井工程综合单价构成

综合单价法指采用钻井工程综合单价和钻井工程设计的工程量编制钻井工程投资预算、招标标底、合同价格和施工结算的方法。综合单价法主要计算方法包括：

税前工程造价 = Σ规定计量单位综合单价 × 规定计量单位工程量；

含税工程造价 = Σ规定计量单位综合单价 × 规定计量单位工程量 × （1+税率）。

综合单价法具体使用方法见表4-5概算指标和表4-6估算指标中的工程量清单计价部分。

4.2.2.5 造价指数法

钻井造价指数是反映一定时期内由于价格变化对钻井工程造价影响程度的一种指标。造价指数反映了报告期与基期相比的价格变化趋势，是调整钻井工程造价价差的依据。造价指数法指采用钻井工程造价指数和基期油气勘探开发建设项目钻井工程投资额度编制建设期钻井工程投资的方法。计算公式为

$$V_2 = \sum_{i=1}^{N} V_{t_0} \times (1+D_{t_i}) \tag{4-3}$$

式中　V_2——建设期钻井工程投资，万元；
　　　N——基期到建设期的时间长度，年；
　　　Vt_0——基期钻井工程投资，万元；
　　　Dt_i——钻井造价指数。

4.2.2.6　工程类比法

工程类比法指拟新上探井或开发井与技术标准、地表条件、自然条件、施工难易程度相似或相同条件下的探井或开发井进行类比，借用投资参数的估算方法。运用类比估算法可大大加快估算速度。

对于新上项目没有相邻区块作为参考时，可类比国内其他油田已施工项目的井身结构、预测地层层序及岩性、钻井周期等参数基本相似的工程投资或结算资料，编制投资估算。针对新上项目的实际情况，如钻井井深、井身结构、钻机类型基本相似，地层层序及岩性、地形及地貌、自然条件及施工项目内容等有一定差别时，应对钻井周期等与费用有关的项目进行相应调整，可在参考项目的费用基础上采用一定的方法增加或减除一定的费用额度。

4.2.2.7　历史成本法

历史成本法指以上年度同类别探井或开发井实际发生成本为基数进行钻井工程成本测算的方法。拟新上探井或开发井在同一地区或区块与上年度的施工参数、技术标准、设备类型等项目内容基本相似时，可参考上年度同类型探井或开发井实际发生成本编制。如技术标准、施工参数、施工难易程度等项目内容与上年度实际施工项目有差别时，在上年度实际发生费用的基础上进行相应调整，可增加或减除一定的费用额度。

4.2.2.8　比例系数法

比例系数法指以某项已知费用为基数，按一定比例系数测算新的项目费用额度的方法。例如竣工决算时，采用一定的比例系数分摊建设管理费、贷款利息。

4.3　钻井工程造价管理平台

4.3.1　总体目标

按照"打基础、促业务、强管控、助决策"总要求，建设集团公司、专业公司、地区公司共享的钻井工程造价管理信息平台，满足决策阶段、设计阶段、准备阶段、施工阶段、竣工阶段、后评价阶段钻井工程全过程造价管理需求。

4.3.2　主要系统

4.3.2.1　计价依据管理系统

主要包括以下功能模块：

（1）管理制度。包括国家和地方政府的法律法规、国家有关工程定额和造价管理的政策规定、所属企业的规章制度，如招标投标法、合同法、税法、投资管理办法、工程造价管理办法、概预算管理办法以及造价工程师管理办法等。

（2）计划与设计。包括实施钻井工程造价编制所必需的规划、计划、方案、设计，如五年发展规划、年度投资计划、可行性研究报告、油气田开发方案、钻井地质设计、钻井工程设计等。

（3）计价标准。包括建设单位钻井工程计价标准体系和施工单位钻井工程计价标准体系。建设单位钻井工程计价标准体系包括预算定额、工程建设其他定额、概算定额、概算指标、估算指标、参考指标，施工单位钻井工程计价标准体系包括基础定额、消耗定额、费用定额、预算定额、工程建设其他定额、概算定额、概算指标。

（4）典型工程。包括已竣工具有代表性的典型钻井工程配套资料，如工程设计、工程总结、钻井井史、钻井预算、服务合同、施工结算、竣工决算等。

4.3.2.2 造价编审管理系统

主要包括以下功能模块：

（1）建设单位造价编审。包括中长期规划、可研估算、初设概算、年度计划、工程预算、招标标底、合同价格、施工结算、竣工决算、投资后评价的造价编审。

（2）施工单位造价编审。包括成本预算、投标报价、合同价格、施工结算的造价编审。

4.3.2.3 造价分析管理系统

主要包括以下功能模块：
（1）造价管理工作量分析。
（2）重点项目投资跟踪分析。
（3）年度投资影响因素分析。
（4）投资和成本焦点问题分析。

4.3.2.4 人员资质管理系统

主要包括以下功能模块：

（1）知识体系。包括钻井工程工艺、钻井工程全过程造价管理、钻井工程全过程计价方法、钻井工程全过程计价标准等培训教材。

（2）培训管理。包括钻井工程造价专业岗位培训计划、培训大纲、培训课程、培训考核等。

（3）资格管理。包括钻井工程造价专业人员资格管理办法、资格认定实施细则、继续教育管理等。

（4）造价人才库。包括钻井工程造价工程师数据库等。

4.3.2.5　造价平台管理系统

主要包括以下功能模块：
（1）人员授权管理。
（2）通知公告信息发布。
（3）造价单位联系方式。

5 钻井工程造价管理方法

按照油气勘探开发项目建设基本程序和业务管理流程，钻井工程全过程造价管理可分为决策、设计、准备、施工、竣工和后评价6个阶段。

5.1 决策阶段钻井工程造价管理方法

决策阶段钻井工程造价管理主要满足两个方面需要。一方面是满足公司业务规划计划需要，主要包括编制中长期发展规划、年度投资计划；另一方面是满足油气勘探开发项目管理需要，主要包括编制可行性研究报告、初步设计报告。按照决策先后顺序依次为中长期发展规划、可行性研究、初步设计、年度投资计划。

5.1.1 中长期发展规划钻井工程投资编制

5.1.1.1 编制需求

中长期发展规划要确定公司油气勘探开发业务发展方向、重大项目、投资规模、预期效益，是制订年度业务发展和投资计划、安排投资项目的依据。中长期发展规划有3年发展规划、5年发展规划、10年发展规划等。最常用的是5年发展规划以及滚动规划，比如"十一五"发展规划、"十二五"发展规划、"十三五"发展规划等。根据各油气田勘探开发现状和预计未来5年各年度的油气储量和产量，按照油气勘探项目、油气藏评价项目、油气田开发项目，分别匡算探井、评价井、开发井的钻井工程量和钻井工程投资。

5.1.1.2 编制方法

编制中长期发展规划时，通常要给出3~5个方案，进行多方案比选。首先，根据规划方案中给出的各年度探井、评价井、开发井钻井工程量，采用钻井工程参考指标的单井造价（万元/口）或单位造价（元/m），测算出每个方案各年度探井、评价井、开发井钻井工程投资，示例见表5-1。其次，进行多个方案投资对比分析，测算各个方案投资额度差异和变化幅度。最后，根据总体规划编制情况，综合考虑各方面因素，给出推荐方案，明确中长期发展规划的钻井工程投资大表，示例见表5-2。

当然，钻井工程投资要纳入整个油气勘探开发项目中长期发展规划投资中。

5 钻井工程造价管理方法

表 5-1 某油气田公司"十四五"发展规划钻井工程投资测算（方案二）

单位	井别	税前单井造价(万元/口)	含税单井造价(万元/口)	2021年 井数(口)	2021年 税前投资(万元)	2021年 含税投资(万元)	2022年 井数(口)	2022年 税前投资(万元)	2022年 含税投资(万元)	2023年 井数(口)	2023年 税前投资(万元)	2023年 含税投资(万元)	2024年 井数(口)	2024年 税前投资(万元)	2024年 含税投资(万元)	2025年 井数(口)	2025年 税前投资(万元)	2025年 含税投资(万元)	合计 井数(口)	合计 税前投资(万元)	合计 含税投资(万元)
AA气田	探井	8557	9385	6	51342	56310	5	42785	46925	3	25671	28155	3	25671	28155	1	8557	9385	18	154026	168930
AA气田	评价井	6846	7508	4	27384	30032	3	20538	22524	3	20538	22524	2	13692	15016	1	6846	7508	13	88998	97604
AA气田	开发井	5705	6257	0	0	0	6	34230	37542	10	57050	62570	15	85575	93855	20	114100	125140	51	290955	319107
AA气田	合计			10	78726	86342	14	97553	106991	16	103259	113249	20	124938	137026	22	129503	142033	82	533979	585641
BB气田	探井	9933	10898	8	79464	87184	6	59598	65388	3	29799	32694	2	19866	21796	1	9933	10898	20	198660	217960
BB气田	评价井	7760	8514	5	38800	42570	4	31040	34056	7	54320	59598	3	23280	25542	3	23280	25542	22	170720	187308
BB气田	开发井	6208	6811	1	6208	6811	1	6208	6811	5	31040	34055	8	49664	54488	10	62080	68110	25	155200	170275
BB气田	合计			14	124472	136565	11	96846	106255	15	115159	126347	13	92810	101826	14	95293	104550	67	524580	575543
CC气田	探井	9230	10123	10	92300	101230	8	73840	80984	6	55380	60738	4	36920	40492	1	9230	10123	29	267670	293567
CC气田	评价井	8571	9400	6	51426	56400	6	51426	56400	7	59997	65800	4	34284	37600	3	25713	28200	26	222846	244400
CC气田	开发井	6593	7231	1	6593	7231	2	13186	14462	7	46151	50617	10	65930	72310	15	98895	108465	35	230755	253085
CC气田	合计			17	150319	164861	16	138452	151846	20	161528	177155	18	137134	150402	19	133838	146788	90	721271	791052
总计				41	353517	387768	41	332851	365092	51	379946	416751	51	354882	389254	55	358634	393371	239	1779830	1952236

表 5-2 某油气田公司"十四五"发展规划钻井工程投资大表示例

序号	单位	"十四五"合计 井数(口)	"十四五"合计 税前投资(万元)	"十四五"合计 含税投资(万元)	2021年 井数(口)	2021年 税前投资(万元)	2021年 含税投资(万元)	2022年 井数(口)	2022年 税前投资(万元)	2022年 含税投资(万元)	2023年 井数(口)	2023年 税前投资(万元)	2023年 含税投资(万元)	2024年 井数(口)	2024年 税前投资(万元)	2024年 含税投资(万元)	2025年 井数(口)	2025年 税前投资(万元)	2025年 含税投资(万元)
	某油气田公司	239	1779830	1952236	41	353517	387768	41	332851	365092	51	379946	416751	51	354882	389254	55	358634	393371
1	AA气田	82	533979	585641	10	78726	86342	14	97553	113249	16	103259	113249	20	124938	137026	22	129503	142033
2	BB气田	67	524580	575543	14	124472	136565	11	96846	106255	15	115159	126347	13	92810	101826	14	95293	104550
3	CC气田	90	721271	791052	17	150319	164861	16	138452	164865	20	161528	177155	18	137134	150402	19	133838	146788

— 51 —

5.1.2 可行性研究钻井工程投资估算编制

5.1.2.1 编制需求

油气勘探开发项目在决策阶段通常要进行可行性研究，分为预可行性研究和可行性研究两个阶段。预可行性研究主要研究投资项目的必要性，初步分析项目的可行性，为项目是否开展可行性研究提供依据。可行性研究是在预可行性研究的基础上，为实现技术上先进适用、经济上合理有效、实施上可能可行，对项目所涉及市场需求、投资环境、技术设备、投资估算、项目融资以及投资效益等各个领域进行全面的技术经济分析论证和评价。可行性研究是项目决策的重要依据，主要包括油气勘探项目可行性研究报告和油气开发项目可行性研究报告。油气开发项目可行性研究报告主要是油田开发方案和气田开发方案。

5.1.2.1.1 油气勘探项目可行性研究报告主要内容

（1）总论。主要包括：编制依据，项目目的、意义和背景，编制原则，研究结论，问题和建议。
（2）自然地理及社会经济概况。
（3）区域勘探项目地质论证。
（4）预探项目地质论证。
（5）油气藏评价项目资源论证。
（6）工程技术论证。
（7）区域勘探与预探项目方案及部署。
（8）油气藏评价项目方案及部署。
（9）市场分析预测。
（10）安全与环保。
（11）项目组织机构及人力资源配置。
（12）投资估算。
（13）经济评价。
（14）风险分析。

5.1.2.1.2 油田开发方案主要内容

（1）总论。主要包括：油田地理与自然条件概况，矿权情况，区域地质与勘探简史，开发方案结论。
（2）油藏工程方案。主要包括：油田地质，开发原则，开发方式，开发层系，井网和注采系统，监测系统，指标预测，经济评价，多方案的经济比较及综合优选和实施要求。
（3）钻井工程方案。主要包括：油藏工程方案要点，采油工程要求，已钻井基本情况分析，地层孔隙压力、破裂压力及坍塌压力预测，井身结构设计，钻井装备要求，井控设计，钻井工艺要求，油气层保护要求，录井、测井要求，固井及完井设计，健康安全环境要求，钻井周期设计，钻井工程投资估算。

(4) 采油工程方案。主要包括：油藏工程方案要点，储层保护措施，采油完井设计，采油方式和参数优化设计，注入工艺和参数优化设计，增产增注技术，钻井和地面工程要求，健康安全环境要求，采油工程投资估算。

(5) 地面工程方案。主要包括：油藏工程方案要点，钻井、采油工程方案要点，地面工程建设规模和总体布局，地面工程建设工艺方案，总图运输和建筑结构方案，防腐工程、防垢工程、生产维修、组织机构和定员方案，健康安全环保和节能等方案，地面工程方案的主要设备选型及工程用量，地面工程总占地面积、总建筑面积，地面工程投资估算。

(6) 投资估算和经济效益评价。主要包括：投资估算与资金筹措，成本费用估算，销售收入与流转税金估算，编制损益表，编制现金流量表，经济评价指标计算，不确定性分析，经济评价结论。

5.1.2.1.3 气田开发方案主要内容

(1) 总论。主要包括：气田自然地理及社会依托条件，矿权情况，区域地质，勘探与开发评价简介，开发方案主要结论及推荐方案的技术经济指标。

(2) 市场需求情况。主要包括：目标市场，已有管输能力，气量需求，气质要求，管输压力，价格承受能力。

(3) 地质与气藏工程方案。主要包括：气藏地质，储量分类与评价，产能评价，开发方式论证，井网部署，开发指标预测，风险分析。通过多方案比选，提出推荐方案和两个备选方案，并对钻井工程、采气工程和地面工程设计提出要求。

(4) 钻井工程方案。主要包括：已钻井基本情况及利用可行性分析，地层压力预测，井身结构设计，钻井装备需求，井控设计，钻井工艺要求，储层保护要求，录井、测井要求，固井及完井设计，健康安全环境要求及应急预案，钻井周期设计，钻井工程投资估算。

(5) 采气工程方案。主要包括：完井和气层保护，增产工艺优选，采气工艺及其配套技术优化，防腐、防垢、防砂和防水合物技术筛选，生产中后期提高采收率工艺选择，对钻井工程的要求，健康安全环境要求及应急预案，采气工程投资估算。

(6) 地面工程方案。主要包括：地面工程规模和总体布局，集气、输气工程，处理、净化工程，系统配套工程与辅助设施，总体设计，健康安全环境要求及应急预案，工程实施进度，地面工程主要工作量，地面工程投资估算。

(7) 开发建设部署与实施要求。主要包括：开发方案应按照"整体部署、分期实施"的原则，提出产能建设步骤，并对产能建设过程中开发井钻井、录井、测井、完井、采气、地面集输、净化处理、动态监测、气田开发跟踪研究等工作提出具体实施要求。

(8) 健康安全环境评价。主要包括：健康安全环境的政策与承诺，各种危害因素及影响后果分析，针对可能发生的生产事故与自然灾害有关防火、防爆、防泄漏、防误操作等设施，提出健康安全环境监测和控制要求，编制应急预案，根据有关规定设计气井、井站和管道的安全距离并编制搬迁方案。

(9) 风险评估。主要包括：对方案设计动用的地质储量规模、开发技术的可行性、主要开发指标预测以及开发实施与生产运行过程中可能存在的不确定性分析和评估，并提出相应的削减风险措施。

（10）投资估算及经济评价。主要包括：对地质与气藏工程方案及相应的配套钻井工程、采气工程、地面工程、健康安全环境要求以及削减风险措施等进行投资估算和经济评价，经济评价对比的主要指标包括投资、成本、投资回收期、财务净现值和内部收益率。

5.1.2.2 编制方法

编制油气勘探开发项目预可行性研究报告和可行性研究报告时，根据油气勘探开发项目中钻井工程方案部署的钻井工程量，确定每一类井的代表井对应的钻井工程参考指标或估算指标，模式见表4-7和表4-6。采用钻井工程参考指标或估算指标中单井造价（万元/口）或单位造价（元/m），乘以钻井井数或钻井进尺数量，分别测算多个方案的分类、分年度、分项钻井工程投资。某气田开发方案钻井工程投资估算示例见表5-3、表5-4和表5-5。

5.1.3 初步设计钻井工程投资概算编制

5.1.3.1 编制需求

在油气勘探开发项目可行性研究报告获得批准后，开展初步设计，编制钻井工程投资概算。钻井工程投资概算通常是在油气勘探开发项目钻井工程投资估算的基础上进一步细化。根据需要，钻井工程投资概算可以是一口探井、评价井、开发井的投资概算，也可以是某区块或某项目的一批井的投资概算，有时是在区块标准井钻井工程设计基础上编制钻井工程投资概算。钻井工程投资概算应包括钻井工程费、工程建设其他费、预备费、贷款利息的全部造价。

5.1.3.2 编制方法

编制油气勘探开发项目初步设计时，根据油气勘探开发详细方案或调整方案部署的钻井工程量，确定每一类井的代表井对应的钻井工程概算指标，模式见表4-5。采用钻井工程概算指标或经过调整的概算指标中单井造价（万元/口）或单位造价（元/m），乘以钻井井数或钻井进尺数量，分别测算多个方案的分类、分年度、分项钻井工程投资。钻井工程投资概算编制表格同钻井工程投资估算表格是一样的，示例见表5-3、表5-4和表5-5。

5.1.4 年度投资计划钻井工程投资编制

5.1.4.1 编制需求

年度投资计划是中长期发展规划的具体部署和落实。油气勘探开发项目初步设计获得批准后，列入年度投资计划。编制年度投资计划时，通常要分为石油勘探开发项目的探井、评价井、开发井和天然气勘探开发项目的探井、评价井、开发井，对于油气开发项目，还要分为新建产能项目的新钻开发井和老区调整的开发井。根据油气勘探开发项目初步设计，确定年度投资计划中各油气田、各区块、各种井别井型的钻井工程量和钻井工程投资。

5 钻井工程造价管理方法

表 5-3 某气田开发方案钻井工程投资分类汇总

方案	代表井号	井别	井型	井身结构	井深(m)	钻井周期(d)	完井周期(d)	总井数(口)	总进尺(m)	税前 单位造价(元/m)	税前 单井造价(万元/口)	税前 总投资(万元)	含税 单位造价(元/m)	含税 单井造价(万元/口)	含税 总投资(万元)	备注
方案一	代表井1	开发井	水平井	四开	5672	83	18	11	62392	11619	6590	72493	12793	7256	79815	
	代表井2	开发井	直井	四开	5010	70	15	3	15030	8711	4364	13093	9586	4803	14408	
	代表井3	开发井	直井	四开	5010	70	15	3	15030	8345	4181	12542	9058	4538	13614	
	代表井4	开发井	直井	二开	1525	16	3	11	16775	5911	901	9916	6504	992	10911	
	合计							28	109227			108044			118748	
方案二	代表井1	开发井	水平井	四开	5672	83	18	18	102096	11619	6590	118624	12793	7256	130607	
	代表井2	开发井	直井	四开	5010	70	15	5	25050	8711	4364	21821	9586	4803	24014	
	代表井3	开发井	直井	四开	5010	70	15	2	10020	8345	4181	8361	9058	4538	9076	
	合计							25	137166			148806			163697	

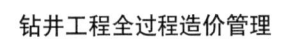

表 5-4 某气田开发方案钻井工程分年度投资估算

方案		方案一				方案二			
	代表井号	代表井1	代表井2	代表井3	代表井4	合计	代表井1	代表井2	代表井3	合计
	税前单井造价（万元/口）	6590	4364	4181	901		6590	4364	4181	
	含税单井造价（万元/口）	7256	4803	4538	992		7256	4803	4538	
2020年	井数（口）	3	1	1	5	10	3	1	0	4
	税前投资（万元）	19771	4364	4181	4507	32823	19771	4364	0	24135
	含税投资（万元）	21768	4803	4538	4959	36068	21768	4803	0	26571
2021年	井数（口）	4	1	1	3	9	7	2	1	10
	税前投资（万元）	26361	4364	4181	2704	37610	46132	8729	4181	59041
	含税投资（万元）	29024	4803	4538	2976	41340	50792	9606	4538	64935
2022年	井数（口）	4	1	1	3	9	8	2	1	11
	税前投资（万元）	26361	4364	4181	2704	37610	52722	8729	4181	65631
	含税投资（万元）	29024	4803	4538	2976	41340	58048	9606	4538	72191
合计	井数（口）	11	3	3	11	28	18	5	2	25
	税前投资（万元）	72493	13093	12542	9916	108043	118624	21821	8361	148807
	含税投资（万元）	79815	14408	13614	10911	118748	130607	24014	9076	163697

表5-5 某气田开发方案钻井工程投资分项汇总

方案	项目名称	税前投资（万元）	含税投资（万元）	增值税（万元）	备注
方案一	钻井工程费	100426	110376	9950	
	工程建设其他费	1934	2126	192	
	预备费	3068	3372	304	预备费费率3%
	贷款利息	2615	2874	259	贷款比例55%，贷款利息4.5%
	合计	108043	118748	10705	
方案二	钻井工程费	138912	152812	13900	
	工程建设其他费	2068	2275	207	
	预备费	4226	4649	423	预备费费率3%
	贷款利息	3601	3961	360	贷款比例55%，贷款利息4.5%
	合计	148807	163697	14890	

5.1.4.2 编制方法

下面以某采油厂10个区块为例，示例性说明年度投资计划中钻井工程投资编制方法。

（1）测算钻井工程投资。根据某采油厂开发部门确定的区块、井数、平均井深、进尺、平均单井产量、年产量等计划相关参数，采用概算指标中单井造价（万元/口）或单位造价（元/m），乘以钻井井数或钻井进尺数量，测算得出10个区块钻井投资，年度建议计划钻井相关参数见表5-6。

表5-6 某采油厂10个区块年度建议计划钻井相关参数

序号	区块	井数（口）	平均井深（m）	进尺（m）	含税单位造价（元/m）	钻井投资（万元）	平均单井产量（t/d）	年产量（t）
合计		267		732285		313877.37		427502.60
1	A	8	2560	20480	2233	4573.18	3.52	10278.40
2	B	10	1765	17650	2561	4520.17	2.88	10512.00
3	C	6	4256	25536	5245	13393.63	6.53	14300.70
4	D	30	1584	47520	2235	10620.72	1.99	21790.50
5	E	18	2795	50310	3646	18343.03	4.23	27791.10
6	F	12	3655	43860	5678	24903.71	10.66	46690.80
7	G	3	5126	15378	7719	11870.28	23.11	25305.45
8	H	52	4513	234676	5321	124871.10	5.16	97936.80
9	I	123	2115	260145	3568	92819.74	3.58	160724.10
10	J	5	3346	16730	4759	7961.81	6.67	12172.75

(2)年度投资效益排序。采用各区块钻井投资除以年产量,得到单位产量钻井投资,并按单位产量钻井投资由小到大依次排序,结果见表5-7。

表5-7 某采油厂10个区块单位产量钻井投资排序情况

区块	井数（口）	投资（万元）	年产量（t）	单位产量钻井投资（元/t）	累计钻井投资（万元）	累计产量（t）	累计单位产量钻井投资（元/t）
B	10	4520.17	10512.00	4300.00	4520.17	10512.00	4300.00
A	8	4573.18	10278.40	4449.31	9093.35	20790.40	4373.82
G	3	11870.28	25305.45	4690.80	20963.63	46095.85	4547.83
D	30	10620.72	21790.50	4874.01	31584.35	67886.35	4652.53
F	12	24903.71	46690.80	5333.75	56488.06	114577.15	4930.13
I	123	92819.74	160724.10	5775.10	149307.80	275301.25	5423.43
J	5	7961.81	12172.75	6540.68	157269.61	287474.00	5470.74
E	18	18343.03	27791.10	6600.32	175612.64	315265.10	5570.32
C	6	13393.63	14300.70	9365.72	189006.27	329565.80	5735.01
H	52	124871.10	97936.80	12750.17	313877.37	427502.60	7342.12

(3)投资方案对比分析。3套推荐方案钻井总投资、总产量和单位产量钻井投资情况见表5-8,变化趋势如图5-1所示。

表5-8 3套推荐方案钻井总投资、总产量和单位产量钻井投资情况

方案	区块	井数（口）	进尺（m）	钻井总投资（万元）	总产量（t）	单位产量钻井投资（元/t）
方案一	B、A、G、D	51	101028	31584.35	67886.35	4652.53
方案二	B、A、G、D、F、I、J	191	421763	157269.60	287474.00	5470.74
方案三	B、A、G、D、F、I、J、E、C、H	267	732285	313877.37	427502.60	7342.12

(4)年度投资计划编制。根据当年投资总规模和产量等其他相关业绩指标以及业务发展情况总体平衡,选择推荐方案二,编制出采油厂年度投资计划,示例见表5-9,保证在现有条件下单位产量钻井投资额度最小化,钻井投资计划安排最优化。

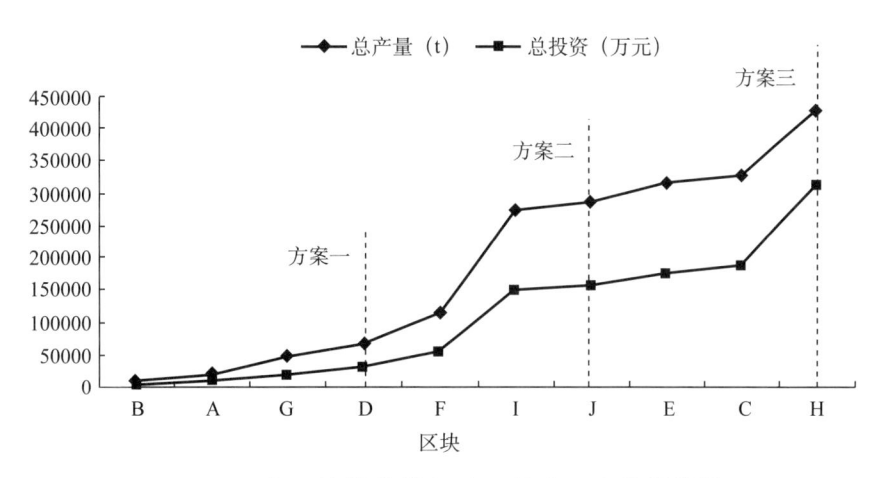

图 5-1 10个区块钻井总投资、总产量变化趋势情况

5.1.5 建设单位钻井工程造价管控重点

大量的统计分析数据表明，站在工程项目建设全过程各个阶段角度看，决策阶段影响工程投资程度最高，达到75%～95%；设计阶段为35%～75%；施工阶段为5%～35%；竣工阶段为0～5%。对于勘探与生产分公司、油田公司和采油厂等建设单位，决策阶段的中长期规划、可行性研究、初步设计、年度投资计划中钻井工程投资编制对于油气勘探开发项目的决策及投资成败十分重要。编制钻井工程投资时，应注意以下几点：

（1）认真收集整理已完工的邻井钻井工程资料和实际造价资料。
（2）认真研究油气勘探项目或油气田开发建设项目的具体内容及国家有关规定。
（3）合理选择参考指标、估算指标、概算指标等计价依据，以钻井工程投资编制时的价格进行编制。
（4）按照有关规定，合理地预测投资编制时到建设项目竣工期间的价格、利率、汇率等动态因素的变化。
（5）合理估算钻井工程预备费，准备足够的建设投资，确保钻井工程投资估算的编制质量。

决策阶段建设单位管控钻井工程造价的主要指标应该是单位储量钻井投资、单位产量钻井投资或者单位产值钻井投资等。采用按单位钻井投资效益高低排队方法，进行多方案比选，优化安排产能建设项目和年度投资计划。对于探井和评价井，可以按新增单位储量钻井投资高低进行排队；对于开发井，可以按新增单位产能钻井投资高低进行排队，若考虑油价因素，也可以按新增单位产值钻井投资进行排队。结合其他相关业绩指标，做出建设单位、油田公司、勘探与生产分公司年度投资计划排列组合，优选2～3套方案供投资决策。在总投资规模一定的条件下，控制低效区块钻井工程量，保证建设单位整体单位钻井投资效益最大化。

表5-9 某采油厂年度油气开发投资计划项目表

单位名称：某采油厂

序号	项目名称	新增（动用）地质储量 (10⁴t/10⁸m³)	新增（动用）可采储量 (10⁴t/10⁸m³)	投资（万元）					建成产能 (10⁴t/10⁸m³)	实物工作量				备注
				合计	钻井	其中：水平井	地面	其他		钻井（口）	进尺 (10⁴m)	其中：水平井		
												井数（口）	进尺 (10⁴m)	
一	原油产能建设	×××	×××	×××			×××	×××	×××					
1	新区产能建设	×××	×××	×××			×××	×××	×××					
	…														
2	老区产能建设	×××	×××	×××			×××	×××	×××					
	B区块	×××	×××	×××	4520.17		×××	×××	×××	10	1.77			
	A区块	×××	×××	×××	4573.18		×××	×××	×××	8	2.05			
	G区块	×××	×××	×××	11870.28		×××	×××	×××	3	1.54			
	D区块	×××	×××	×××	10620.72		×××	×××	×××	30	4.75			
	F区块	×××	×××	×××	24903.71		×××	×××	×××	12	4.39			
	I区块	×××	×××	×××	92819.74	12095.00	×××	×××	×××	123	26.01	10	2.95	
	J区块	×××	×××	×××	7961.81		×××	×××	×××	5	1.67			
二	天然气产能建设														

5.2 设计阶段钻井工程造价管理方法

5.2.1 建设单位钻井工程投资预算编制

5.2.1.1 编制需求

具体部署和落实年度投资计划时,建设单位需要组织编制钻井设计。一般情况下,钻井设计包括钻井地质设计、钻井工程设计、钻井工程预算等一套钻井设计文件。

5.2.1.1.1 钻井设计基本原则

(1)钻井设计应在充分分析有关地质和工程资料的基础上,遵守国家及当地政府有关法律法规和要求,按照安全、快速、优质和高效的原则进行编制。

(2)钻井设计应以保证实现地质任务为前提,充分考虑录井、测井、中途测试、完井、试油等方面的需要。

(3)钻井设计应首先体现安全第一的原则。主要目的层段的设计应体现有利于发现和保护油气层;非目的层段的设计应主要考虑满足钻井工程施工作业和降低投资的需要。

(4)钻井设计应具有可操作性,并且其指标要体现该地区或可比地区的钻井先进水平。

(5)钻井设计前应进行前期研究和现场调研,区域探井和重点预探井应完成可行性论证报告。

(6)钻井工程设计是在充分分析已钻井资料的基础上做出的。对于总包井,为调动施工单位的积极性、提高钻井技术水平,对于钻头及钻井参数、钻具组合、钻井液等设计内容,鼓励施工单位在积极应用新技术的基础上进行优化,做出施工设计,并报建设单位相关部门备案。

(7)钻井设计要采用国内外成熟的各种先进技术,如果现有技术难以满足钻井作业需要时,应积极组织攻关研究,探索解决钻井难题的途径,确保钻井目的的实现。

(8)钻井设计要贯彻和执行有关健康、安全、环保标准和规范,要有明确的安全、环保要求。

(9)钻井设计应按规定的设计格式逐项编写。设计单位应取全取准设计所需的各项基础资料,并充分运用各种辅助设计手段,保证设计的水平和质量。

(10)设计人员要经常深入现场,跟踪设计,现场人员也应该及时将意见反馈给设计人员。当钻井设计与钻井现场生产实际情况不符合时,应及时修改设计。

5.2.1.1.2 钻井地质设计主要内容

(1)井区自然状况。主要包括:地理简况,气象,水文,海况,灾害性地理地质现象等。

(2)基本数据。

(3)区域地质简介。主要包括:构造概况,地层概况,生油、储油层分析及封(堵)盖条件,邻井钻探成果,圈闭地质条件分析,地质风险分析等。

(4)设计依据及钻探目的。主要包括：设计依据，钻井目的，完钻层位及原则、完井方法，钻井要求等。

(5)设计地层剖面及预计油气层、特殊层位置。主要包括：地层分层，分组、段岩性简述，油气层、特殊层简述等。

(6)工程要求。主要包括：地层压力，钻井液类型及性能使用原则，井身质量要求，套管程序及固井质量要求。

(7)资料录取要求。主要包括：地质录井，气测录井，工程录井，循环观察（地质观察），钻井液录井，地化录井，其他录井，化验分析选送样品要求。

(8)地球物理测井。主要包括：测井原则及要求，测井内容。

(9)完井试油（中途测试）。主要包括：完井试油（中途测试）原则，完井试油（中途测试）要求等。

(10)上交资料要求。

(11)钻井地质设计附件、附图。

5.2.1.1.3 钻井工程设计主要内容

(1)设计依据。主要包括：构造名称，地理及环境资料，地质要求，地质分层及油气水层，储层简要描述。

(2)技术指标及质量要求。主要包括：井身质量要求，固井质量要求，钻井取心及井壁取心要求，录取资料要求等。

(3)工程设计。主要包括：井下复杂情况提示，地层可钻性分级及地层压力预测，井身结构，钻机选型及钻井主要设备，钻具组合，钻井液设计，钻头及钻井参数设计，井控设计，欠平衡钻井设计，取心设计，地层孔隙压力监测，地层漏失试验，中途测试技术要求，测井技术要求，油气层保护设计，固井设计，新工艺、新技术应用设计，各次开钻或分井段施工重点要求，完井设计，弃井要求，钻井进度计划。

(4)健康、安全与环境管理。主要包括：基本要求，健康、安全与环境管理体系要求，关键岗位配置要求，健康管理要求，安全管理要求，环境管理要求。

(5)生产信息及完井提交资料。

(6)附则。主要包括：钻井工程施工设计要求，特殊施工作业要求。

(7)附件。主要包括：邻区邻井资料分析，邻区邻井已钻井情况，邻区邻井地层可钻性分级，邻区邻井地层压力，邻井测温情况，邻区邻井已钻井地层岩石矿物组分及储层油气水层物性。

5.2.1.1.4 钻井工程投资预算

钻井工程投资预算通常有4种情况：(1)基于区块标准井钻井工程设计的一批井的区块钻井工程投资预算；(2)基于单井钻井工程设计的一口井钻井工程投资预算；(3)基于独立的单位工程设计的单位工程投资预算，如钻前工程投资预算；(4)基于独立设计和特殊管理的分部工程投资预算，如测井作业投资预算、压裂作业投资预算。

5.2.1.2 编制方法

（1）区块钻井工程投资预算编制方法同钻井工程投资概算编制基本一致。主要区别有两个方面，一是区块钻井工程投资预算是基于区块标准钻井工程设计，比概算时可能更加细化和具体；二是区块钻井工程投资预算仅为钻井工程费或钻井工程费和部分工程建设其他费，不包括预备费、贷款利息。

（2）单井钻井工程投资预算编制方法同钻井工程投资概算编制方法中代表井钻井工程投资编制方法基本一致，具体表现形式同概算指标，见表4-5。主要区别有两个方面，一是单井钻井工程投资预算是基于单井钻井工程设计，比概算时可能更加细化和具体；二是单井钻井工程投资预算仅为钻井工程费或钻井工程费和部分工程建设其他费，不包括预备费、贷款利息。

（3）单位工程和分部工程投资预算是将单井钻井工程投资预算中的部分内容抽出来，按照独立的工程设计编制单独的投资预算，其编制方法同单井钻井工程投资预算清单计价方法。

钻井工程投资预算需要依据钻井地质设计、钻井工程设计所确定的各种工程量和本企业所实施的各种钻井工程计价标准，按照规定的方法和钻井工程预算模板编制。采用工程量清单计价方法编制建设单位钻井工程投资预算示例见表5-10。

5.2.2 施工单位钻井工程成本预算编制

5.2.2.1 编制需求

在建设单位编制完成钻井地质设计、钻井工程设计、钻井工程投资预算后，施工单位需要编制钻井工程施工设计和钻井工程成本预算，用于钻井工程投标报价和钻井工程施工组织。施工单位钻井工程成本预算编制方法同建设单位钻井工程投资预算编制方法是基本保持一致的，通常也有4种情况：（1）基于区块标准井钻井工程施工设计的一批井的区块钻井工程成本预算；（2）基于单井钻井工程施工设计的一口井钻井工程成本预算；（3）基于独立的单位工程设计的单位工程成本预算，如钻前工程成本预算；（4）基于独立设计和特殊管理的分部工程成本预算，如测井作业成本预算、压裂作业成本预算。

5.2.2.2 编制方法

施工单位钻井工程成本预算编制方法同建设单位钻井工程投资预算编制方法基本一致，主要区别是编制依据不同，施工单位钻井工程成本预算编制依据是钻井工程施工设计和施工单位的相关计价标准，而建设单位钻井工程投资预算编制依据是钻井地质设计、钻井工程设计和建设单位的相关计价标准。

采用工程量清单计价方法编制施工单位钻井工程成本预算示例见表5-11。

表5-10 AAA-1井钻井工程投资预算

基础数据

序号	项目	主要参数	序号	项目	主要参数
1	建设单位	×××××油田公司	8	井深 (m)	5180
2	油气田	×××油田	9	垂直井深 (m)	5180
3	区块	×××区块	10	造斜点 (m)	
4	目的层	×××组	11	水平位移 (m)	
5	井别	探井	12	水平段长 (m)	
6	井型	直井	13	压裂段数 (段)	
7	井身结构	一开：钻头660.4mm×200m/套管508.0mm×200m 二开：钻头444.5mm×2450m/套管339.7mm×2448m 三开：钻头311.1mm×4800m/套管(244.5mm+250.8mm)×4798m 四开：钻头215.9mm×5180m/套管177.8mm×5178m	14	钻井周期 (d)	278
			15	完井周期 (d)	
			16	压裂周期 (d)	
			17	钻井设备类型	ZJ70DB
			18	完井设备类型	
			19	压裂设备	
税前单位造价 (元/m)		13119	税前单井造价 (万元/口)		6795.56
含税单位造价 (元/m)		14496	含税单井造价 (万元/口)		7509.03

工程量清单计价

序号	项目编码	项目名称	项目特征	计量单位	工程量	综合单价 (元)	税前合价 (元)	税率 (%)	税金 (元)	含税合价 (元)	比例 (%)
1	G	钻井工程费		口	1		67955622		7134713	75090335	100.00
2	G1	钻前工程费		口	1		1702119	6	149876	1851995	2.47
3	G101	勘测工程费		口	1		30492	6	1830	32322	0.04
4	G10101	井位测量费	GPS卫星定位仪测量队	次	1	21800	21800	6	1308	23108	0.03
5	G10102	地质勘查费	Ⅳ类地层，钻探25m	m	25	299	7475	6	449	7924	0.01

— 64 —

续表

序号	项目编码	项目名称	项目特征	计量单位	工程量	综合单价（元）	税前合价（元）	税率（%）	税金（元）	含税合价（元）	比例（%）
6	G10103	勘测设计费		km	100	12.17	1217	6	73	1290	0.00
7	G102	道路工程费		口	1		279295	9	25137	304432	0.41
8	G10201	新建道路费	砂石铺设	km	2.9	87170	252793	9	22751	275544	0.37
9	G10202	维修道路费	加宽加固农田机耕道	km	3	8834	26502	9	2385	28887	0.04
10	G103	井场工程费		口	1		486353	9	43771	530124	0.71
11	G10301	井场修建费	土方铺垫	次	1	10559	10559	9	950	11509	0.02
12	G10302	基础构筑费	混凝土浇筑基础	次	1	110000	110000	9	9900	119900	0.16
13	G10303	池类构筑费		口	1		65794	9	5921	71715	0.10
14	G1030301	沉砂池构筑费		次	1	28928	28928	9	2603	31531	0.04
15	G1030302	废液池构筑费		次	1	25160	25160	9	2264	27424	0.04
16	G1030303	放喷池构筑费		次	1	6400	6400	9	576	6976	0.01
17	G1030304	垃圾坑构筑费		次	1	1856	1856	9	167	2023	0.00
18	G1030305	圆井（方井）构筑费		次	1	3450	3450	9	311	3761	0.01
19	G10304	生活区修建费	平整生活区 3000m²	次	1	300000	300000	9	27000	327000	0.44
20	G104	动迁工程费		口	1		202979	9	18268	221247	0.29
21	G10401	设备拆安费		次	1	46850	46850	9	4217	51067	0.07
22	G10402	设备运移费		km	50	993	49650	9	4469	54119	0.07
23	G10403	钻井队动员费	ZJ70 钻机	d	3	35493	106479	9	9583	116062	0.15
24	G105	供水工程费		口	1		123000	9	11070	134070	0.18
25	G10501	场内供水费		次	1	123000	123000	9	11070	134070	0.18
26	G106	供电工程费		口	1		500000	9	45000	545000	0.73
27	G10601	场内供电费		次	1	500000	500000	9	45000	545000	0.73

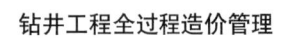

续表

序号	项目编码	项目名称	项目特征	计量单位	工程量	综合单价（元）	税前合价（元）	税率（%）	税金（元）	含税合价（元）	比例（%）
28	G107	其他作业费		口	1	80000	80000	6	4800	84800	0.11
29	G10701	工程拆迁费		次	1	80000	80000	6	4800	84800	0.11
30	G2	钻进工程费		口	1		66253503		6984837	73238340	97.53
31	G201	钻井作业费		口	1		43688713		4628177	48316890	64.35
32	G20101	钻井施工费	ZJ70钻机	d	278	90600	25188800	9	2266812	27453612	36.56
33	G20102	钻井材料费		口	1		17404823		2262627	19667450	26.19
34	G2010201	钻头费		口	1		983473		127851	1111324	1.48
35	G2010201B001	660.4mm钻头		只	2	46304	92608	13	12039	104647	0.14
36	G2010201B002	444.5mm钻头		只	3	166538	499614	13	64950	564564	0.75
37	G2010201B003	311.1mm钻头		只	6	53530	321180	13	41753	362933	0.48
38	G2010201B004	215.9mm钻头		只	3	23357	70071	13	9109	79180	0.11
39	G2010202	钻井液材料费		口	1		16349150		2125390	18474540	24.60
40	G2010202B001	膨润土		t	55	750	41250	13	5363	46613	0.06
41	G2010202B002	烧碱	NaOH	t	21	1800	37800	13	4914	42714	0.06
42	G2010202B003	纯碱	Na_2CO_3	t	5	1450	7250	13	943	8193	0.01
43	G2010202B004	小苏打	$NaHCO_3$	t	2	1600	3200	13	416	3616	0.00
44	G2010202B005	羧甲基纤维素	CMC—HV	t	1	7500	7500	13	975	8475	0.01
45	G2010202B006	聚阴离子纤维素	PAC—HV	t	2	15000	30000	13	3900	33900	0.05
46	G2010202B007	大分子聚合物	80A51/KPAM	t	14	10300	144200	13	18746	162946	0.22
47	G2010202B008	降滤失剂	HFL—1	t	12	21800	261600	13	34008	295608	0.39
48	G2010202B009	小分子聚合物	KHPAN/NH4—HPAN	t	14	5000	70000	13	9100	79100	0.11
49	G2010202B010	磺化酚醛树脂	SMP—1	t	30	13600	408000	13	53040	461040	0.61

5 钻井工程造价管理方法

续表

序号	项目编码	项目名称	项目特征	计量单位	工程量	综合单价（元）	税前合价（元）	税率（%）	税金（元）	含税合价（元）	比例（%）
50	G2010202B011	磺化酚醛树脂	SMP-2	t	45	13600	612000	13	79560	691560	0.92
51	G2010202B012	磺化酚醛树脂	SMP-3	t	80	13800	1104000	13	143520	1247520	1.66
52	G2010202B013	磺化褐煤树脂	SPNH	t	125	9550	1193750	13	155188	1348938	1.80
53	G2010202B014	磺化腐植酸铬	PSC-1	t	15	3500	52500	13	6825	59325	0.08
54	G2010202B015	磺化腐植酸铬	PSC-1/PSC-2	t	75	3500	262500	13	34125	296625	0.40
55	G2010202B016	防塌剂（胶体）	SY-A01/YL-N	t	100	8400	840000	13	109200	949200	1.26
56	G2010202B017	防塌剂（粉剂）	XHL/FT-1A	t	80	8400	672000	13	87360	759360	1.01
57	G2010202B018	乳化剂	SP-80	t	8	34000	272000	13	35360	307360	0.41
58	G2010202B019	润滑剂	PRH-1/MHR-86	t	73	10300	751900	13	97747	849647	1.13
59	G2010202B020	清洁剂	RH-4	t	5	2000	10000	13	1300	11300	0.02
60	G2010202B021	消泡剂	LXW	t	8	16910	135280	13	17586	152866	0.20
61	G2010202B022	氯化钾	KCl	t	130	5600	728000	13	94640	822640	1.10
62	G2010202B023	氯化钠	NaCl	t	100	600	60000	13	7800	67800	0.09
63	G2010202B024	硅酸钾	K$_2$SiO$_3$	t	3	12000	36000	13	4680	40680	0.05
64	G2010202B025	加重剂	铁矿粉	t	2300	2050	4715000	13	612950	5327950	7.10
65	G2010202B026	加重剂	重晶石粉	t	1700	1180	2006000	13	260780	2266780	3.02
66	G2010202B027	腐殖酸钾	QSAMK	t	20	6000	120000	13	15600	135600	0.18
67	G2010202B028	高效抑制剂	YSM-2	t	10	6000	60000	13	7800	67800	0.09
68	G2010202B029	固体润滑剂		t	8	16965	135720	13	17644	153364	0.20
69	G2010202B030	井眼稳定剂	JYW	t	10	10000	100000	13	13000	113000	0.15
70	G2010202B031	快钻剂	KSZJ	t	2	20000	40000	13	5200	45200	0.06
71	G2010202B032	屏蔽暂堵剂1型	YX-1	t	10	460	4600	13	598	5198	0.01

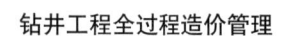

续表

序号	项目编码	项目名称	项目特征	计量单位	工程量	综合单价(元)	税前合价(元)	税率(%)	税金(元)	合税合价(元)	比例(%)
72	G2010202B033	屏蔽暂堵剂2型	YX-2	t	10	460	4600	13	598	5198	0.01
73	G2010202B034	水基防塌润滑剂	JLX	t	80	15000	1200000	13	156000	1356000	1.81
74	G2010202B035	稀释剂		t	5	8500	42500	13	5525	48025	0.06
75	G2010202B036	盐重结晶抑制剂	YSC-2	t	5	12000	60000	13	7800	67800	0.09
76	G2010202B037	油保暂堵剂		t	10	12000	120000	13	15600	135600	0.18
77	G2010203	生产用水费		m³	3860	18.7	72200	13	9386	81586	0.11
78	G2010203	钻井材料运输费		口	1		1097090		98738	1195828	1.59
79	G20103B001	钻井材料运输	钻井液材料量5173t,运输里程200km	t·km	1034600	0.65	672490	9	60524	733014	0.98
80	G20103B002	生产用水运输	生产用水3860t,运输里程200km	t·km	772000	0.55	424600	9	38214	462814	0.62
81	G202	钻井服务费		口	1		9119512		820756	9940268	13.24
82	G20201	管具服务费		d	278	11000	3058000	9	275220	3333220	4.44
83	G20202	井控服务费		d	278	2500	695000	9	62550	757550	1.01
84	G20203	钻井液服务费		d	278	2188	608264	9	54744	663008	0.88
85	G20206	取心服务费		m	8	80000	640000	9	57600	697600	0.93
86	G20207	顶驱服务费		d	278	6616	1839248	9	165532	2004780	2.67
87	G20209	中途测试费		d	2	25000	50000	9	4500	54500	0.07
88	G20210	打捞服务费		d	1	5000	5000	9	450	5450	0.01
89	G20211	生活服务费		d	278	8000	2224000	9	200160	2424160	3.23
90	G203	固井作业费		口	1		10536503		1333599	11870102	15.81
91	G20301	固井施工费		口	1		81978		7378	89356	0.12
92	G2030101	一开固井施工费	508.0mm套管固井	次	1	12240	12240	9	1102	13342	0.02

5 钻井工程造价管理方法

续表

序号	项目编码	项目名称	项目特征	计量单位	工程量	综合单价(元)	税前合价(元)	税率(%)	税金(元)	含税合价(元)	比例(%)
93	G2030102	二开固井施工费	339.7mm套管固井	次	1	23246	23246	9	2092	25338	0.03
94	G2030103	三开固井施工费	244.5mm+250.8mm套管固井	次	1	23246	23246	9	2092	25338	0.03
95	G2030104	四开固井施工费	177.8mm套管固井	次	1	23246	23246	9	2092	25338	0.03
96	G20302	固井材料费		口	1		9895069		1286358	11181427	14.89
97	G2030201	套管费		口	1		6526680		848468	7375148	9.82
98	G2030201B001	508.0mm套管	壁厚12.7mm,单位重量158.47kg/m	m	200	1100	220000	13	28600	248600	0.33
99	G2030201B002	339.7mm套管	壁厚12.19mm,单位重量101.2kg/m	m	2448	700	1713600	13	222768	1936368	2.58
100	G2030201B003	250.8mm套管	壁厚15.88mm,单位重量94.46kg/m	m	2598	500	1299000	13	168870	1467870	1.95
101	G2030201B004	244.5mm套管	壁厚11.99mm,单位重量69.94kg/m	m	2200	650	1430000	13	185900	1615900	2.15
102	G2030201B005	177.8mm套管	壁厚12.65mm,单位重量52.13kg/m	m	5178	360	1864080	13	242330	2106410	2.81
103	G2030202	套管附件费		口	1		227740		29606	257346	0.34
104	G2030202B001	339.7mm浮箍		只	1	8500	8500	13	1105	9605	0.01
105	G2030202B002	339.7mm浮鞋		只	1	8300	8300	13	1079	9379	0.01
106	G2030202B003	339.7mm弹簧扶正器		只	12	420	5040	13	655	5695	0.01
107	G2030202B004	244.5mm浮箍		只	1	6600	6600	13	858	7458	0.01
108	G2030202B005	244.5mm浮鞋		只	1	6400	6400	13	832	7232	0.01
109	G2030202B006	244.5mm弹簧扶正器		只	78	250	19500	13	2535	22035	0.03
110	G2030202B007	177.8mm浮箍		只	1	2200	2200	13	286	2486	0.00
111	G2030202B008	177.8mm浮鞋		只	1	2000	2000	13	260	2260	0.00

续表

序号	项目编码	项目名称	项目特征	计量单位	工程量	综合单价（元）	税前合价（元）	税率（%）	税金（元）	含税合价（元）	比例（%）
112	G2030202B009	177.8mm弹簧扶正器		只	69	200	13800	13	1794	15594	0.02
113	G2030202B010	177.8mm浮箍		只	1	2200	2200	13	286	2486	0.00
114	G2030202B011	177.8mm浮鞋		只	1	2000	2000	13	260	2260	0.00
115	G2030202B012	177.8mm刚性扶正器		只	210	720	151200	13	19656	170856	0.23
116	G2030203	固井工具费	339.7mm套管内插法注水泥器	套	1	28500	28500	13	3705	32205	0.04
117	G2030204	水泥费	G级水泥	t	665	700	465500	13	60515	526015	0.70
118	G2030205	水泥外加剂费			1		2646649		344064	2990713	3.98
119	G2030205B001	LANDY-19L		t	3.5	42600	149100	13	19383	168483	0.22
120	G2030205B002	LANDY-606L		t	5.5	41382	227601	13	29588	257189	0.34
121	G2030205B003	LANDY-906L		t	10	29300	293000	13	38090	331090	0.44
122	G2030205B004	LANDY-806L		t	36.5	31400	1146100	13	148993	1295093	1.72
123	G2030205B005	硅粉		t	40	7000	280000	13	36400	316400	0.42
124	G2030205B006	铁矿粉		t	58	4539	263262	13	34224	297486	0.40
125	G2030205B007	LANDY-506L		t	3.5	45396	158886	13	20655	179541	0.24
126	G2030205B008	D1001		t	1	128700	128700	13	16731	145431	0.19
127	G20303	固井材料运输费			1		209820		18884	228704	0.30
128	G20303B001	套管运输	949t，运输距离200km	t·km	189800	0.65	123370	9	11103	134473	0.18
129	G20303B002	水泥运输	665t，运输距离200km	t·km	133000	0.65	86450	9	7781	94231	0.13
130	G20304	固井服务费		口	1	349636	349636	6	20978	370614	0.49
131	G2030401	套管检测费		m	12624	3.5	44184	6	2651	46835	0.06
132	G2030402	水泥试验费		次	4	6800	27200	6	1632	28832	0.04
133	G2030403	水泥混拌费		t	665	180	119700	6	7182	126882	0.17

— 70 —

续表

序号	项目编码	项目名称	项目特征	计量单位	工程量	综合单价（元）	税前合价（元）	税率（%）	税金（元）	含税合价（元）	比例（%）
134	G2030404	下套管服务费		m	12624	10	126240	6	7574	133814	0.18
135	G2030405	试压服务费		次	7	4616	32312	6	1939	34251	0.05
136	G204	测井作业费		口	1		504530		30271	534801	0.71
137	G20401	测井施工费		口	1		458664		27519	486183	0.65
138	G2040101	一次测井施工费	二开裸眼井测井，5700	次	1		62190		3731	65921	0.09
139	G2040101B001	测井深度		深度米	2450	2.977	7294	6	438	7732	0.01
140	G2040101B002	自然电位		计价米	4700	0.89	4183	6	251	4434	0.01
141	G2040101B003	自然伽马		计价米	4700	1.26	5922	6	355	6277	0.01
142	G2040101B004	双感应/球形聚焦		计价米	4700	1.31	6157	6	369	6526	0.01
143	G2040101B005	补偿声波		计价米	4700	1.59	7473	6	448	7921	0.01
144	G2040101B006	地层倾角		计价米	4700	4.47	21009	6	1261	22270	0.03
145	G2040101B007	井底温度		计价米	4700	0.38	1786	6	107	1893	0.00
146	G2040101B008	井径		计价米	4700	0.69	3243	6	195	3438	0.00
147	G2040101B009	井斜		计价米	4700	1.09	5123	6	307	5430	0.01
148	G2040102	二次测井施工费	二开测固井质量，5700	次	1		16841		1011	17852	0.02
149	G2040102B001	测井深度		深度米	2450	2.274	5571	6	334	5905	0.01
150	G2040102B002	自然伽马		计价米	4900	1.39	6811	6	409	7220	0.01
151	G2040102B003	磁定位		计价米	4900	0.22	1078	6	65	1143	0.00
152	G2040102B004	声波幅度		计价米	4900	0.16	784	6	47	831	0.00
153	G2040102B005	声波变密度		计价米	4900	0.53	2597	6	156	2753	0.00
154	G2040103	三次测井施工费	三开裸眼井测井，5700	次	1		97825		5869	103694	0.14
155	G2040103B001	测井深度		深度米	4800	2.977	14290	6	857	15147	0.02

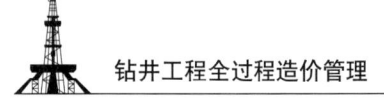

续表

序号	项目编码	项目名称	项目特征	计量单位	工程量	综合单价（元）	税前合价（元）	税率（%）	税金（元）	含税合价（元）	比例（%）
156	G2040103B002	自然电位		计价米	7152	0.89	6365	6	382	6747	0.01
157	G2040103B003	自然伽马		计价米	7152	1.26	9011	6	541	9552	0.01
158	G2040103B004	双感应/微球形聚集		计价米	7152	1.31	9369	6	562	9931	0.01
159	G2040103B005	补偿声波		计价米	7152	1.59	11372	6	682	12054	0.02
160	G2040103B006	地层倾角		计价米	7152	4.47	31969	6	1918	33887	0.05
161	G2040103B007	井底温度		计价米	7152	0.38	2718	6	163	2881	0.00
162	G2040103B008	井径		计价米	7152	0.69	4935	6	296	5231	0.01
163	G2040103B009	井斜		计价米	7152	1.09	7796	6	468	8264	0.01
164	G2040104	四次测井施工费	三开测固井质量，5700	次	1		32995	6	1980	34975	0.05
165	G2040104B001	测井深度		深度米	4800	2.274	10915	6	655	11570	0.02
166	G2040104B002	自然伽马		计价米	9600	1.39	13344	6	801	14145	0.02
167	G2040104B003	磁定位		计价米	9600	0.22	2112	6	127	2239	0.00
168	G2040104B004	声波幅度		计价米	9600	0.16	1536	6	92	1628	0.00
169	G2040104B005	声波变密度		计价米	9600	0.53	5088	6	305	5393	0.01
170	G2040105	五次测井施工费	四开裸眼井测井，5700	次	1		213205	6	12792	225997	0.30
171	G2040105B001	测井深度		深度米	5180	2.977	15421	6	925	16346	0.02
172	G2040105B002	自然电位		计价米	5562	0.89	4950	6	297	5247	0.01
173	G2040105B003	自然伽马		计价米	5562	1.26	7008	6	420	7428	0.01
174	G2040105B004	双感应/微球形聚集		计价米	5562	1.31	7286	6	437	7723	0.01
175	G2040105B005	阵列声波		计价米	5562	9.04	50280	6	3017	53297	0.07
176	G2040105B006	地层倾角		计价米	5562	4.47	24862	6	1492	26354	0.04
177	G2040105B007	井底温度		计价米	5562	0.38	2114	6	127	2241	0.00

5 钻井工程造价管理方法

续表

序号	项目编码	项目名称	项目特征	计量单位	工程量	综合单价（元）	税前合价（元）	税率（%）	税金（元）	含税合价（元）	比例（%）
178	G2040105B008	井径		计价米	5562	0.69	3838	6	230	4068	0.01
179	G2040105B009	高分辨率感应		计价米	5562	10.28	57177	6	3431	60608	0.08
180	G2040105B010	岩性密度		计价米	5562	3.26	18132	6	1088	19220	0.03
181	G2040105B011	补偿中子		计价米	5562	2.52	14016	6	841	14857	0.02
182	G2040105B012	自然伽马能谱		计价米	5562	1.46	8121	6	487	8608	0.01
183	G2040106	六次测固井费	四开测固井质量，5700	次	1		35607	6	2136	37743	0.05
184	G2040106B001	测井深度		深度米	5180	2.274	11779	6	707	12486	0.02
185	G2040106B002	自然伽马		计价米	10360	1.39	14400	6	864	15264	0.02
186	G2040106B003	磁定位		计价米	10360	0.22	2279	6	137	2416	0.00
187	G2040106B004	声波幅度		计价米	10360	0.16	1658	6	99	1757	0.00
188	G2040106B005	声波变密度		计价米	10360	0.53	5491	6	329	5820	0.01
189	G20402	资料处理解释费		口	1		45868		2752	48620	0.06
190	G2040201	一次资料处理解释费	按测井施工费10%计算	%	10	62190	6219	6	373	6592	0.01
191	G2040202	二次资料处理解释费	按测井施工费10%计算	%	10	16841	1684	6	101	1785	0.00
192	G2040203	三次资料处理解释费	按测井施工费10%计算	%	10	97826	9783	6	587	10370	0.01
193	G2040204	四次资料处理解释费	按测井施工费10%计算	%	10	32995	3300	6	198	3498	0.00
194	G2040205	五次资料处理解释费	按测井施工费10%计算	%	10	213205	21321	6	1279	22600	0.03
195	G2040206	六次资料处理解释费	按测井施工费10%计算	%	10	35607	3561	6	214	3775	0.01
196	G205	录井作业费		口	1		1478284		88697	1566981	2.09
197	G20501	录井施工费		口	1		1244234		74654	1318888	1.76
198	G2050101	录井动迁费	200km调迁及运输	次	1	6300	6300	6	378	6678	0.01
199	G2050102	录井现场施工费	综合录井	d	278	4453	1237934	6	74276	1312210	1.75

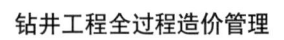

续表

序号	项目编码	项目名称	项目特征	计量单位	工程量	综合单价（元）	税前合价（元）	税率（%）	税金（元）	含税合价（元）	比例（%）
200	G20502	录井服务费		口	1		234050		14043	248093	0.33
201	G2050201	录井信息服务费		d	278	725	201550	6	12093	213643	0.28
202	G2050202	化验分析费	荧光光谱	次	10	750	7500	6	450	7950	0.01
203	G2050203	资料整理分析费		口	1	25000	25000	6	1500	26500	0.04
204	G206	其他作业费		口	1		925961		83337	1009298	1.34
205	G20601	环保处理费		口	1		905961		81537	987498	1.32
206	G2060101	废弃物拉运费	拉运距离 50km	t·km	31000	0.65	20150	9	1814	21964	0.03
207	G2060102	废弃物处理费		口	1		885811	9	79723	965534	1.29
208	G2060102B001	废弃物收集		m³	2560	22.02	56371	9	5074	61445	0.08
209	G2060102B002	废弃物处理	普通水基钻井液，板框压滤	m³	2560	324	829440	9	74650	904090	1.20
210	G20602	地貌恢复费		次	1	20000	20000	9	1800	21800	0.03

5 钻井工程造价管理方法

表5-11 AAA-1井钻井工程成本预算

基础数据

序号	项目	主要参数	序号	项目	主要参数
1	施工单位	×××××钻井公司	8	井深（m）	5180
2	油气田	×××油田	9	垂直井深（m）	5180
3	区块	×××区块	10	造斜点（m）	
4	目的层	×××组	11	水平位移（m）	
5	井别	探井	12	水平段长（m）	
6	井型	直井	13	压裂段数（段）	258
7	井身结构	一开：钻头660.4mm×200m/套管508.0mm×200m 二开：钻头444.5mm×2450m/套管339.7mm×2448m 三开：钻头311.1mm×4800m/套管(244.5mm+250.8mm)×4798m 四开：钻头215.9mm×5180m/套管177.8mm×5178m	14	钻井周期（d）	
			15	完井周期（d）	
			16	压裂周期（d）	
			17	钻井设备类型	ZJ70DB
			18	完井设备类型	
			19	压裂设备	
税前单位造价（元/m）		11713	税前单井造价（万元/口）		6067.10
含税单位造价（元/m）		12905	含税单井造价（万元/口）		6684.59

工程量清单计价

序号	项目编码	项目名称	项目特征	计量单位	工程量	综合单价（元）	税前合价（元）	税率（%）	税金（元）	含税合价（元）	比例（%）
1	G	钻井工程费		口	1		60670973		6174892	66845865	100.00
2	G1	钻前工程费		口	1		750025	9	67502	817527	1.22
3	G104	动迁工程费		口	1		312025	9	28082	340107	0.51
4	G10401	设备拆安费		次	1	64300	64300	9	5787	70087	0.10
5	G10402	设备运移费		次	1	58050	58050	9	5225	63275	0.09

— 75 —

续表

序号	项目编码	项目名称	项目特征	计量单位	工程量	综合单价（元）	税前合价（元）	税率（%）	税金（元）	含税合价（元）	比例（%）
6	G10403	钻井队动员费	ZJ70钻机	d	3	63225	189675	9	17071	206746	0.31
7	G105	供水工程费		口	1		158000	9	14220	172220	0.26
8	G10501	场内供水费		次	1	158000	158000	9	14220	172220	0.26
9	G106	供电工程费		口	1		280000	9	25200	305200	0.46
10	G10601	场内供电费		次	1	280000	280000	9	25200	305200	0.46
11	G2	钻进工程费		口	1		59920948		6107390	66028338	98.78
12	G201	钻井作业费		口	1		50069941		5231288	55301229	82.73
13	G20101	钻井施工费	ZJ70钻机	d	258	119566	30848028	9	2776323	33624351	50.30
14	G20102	钻井材料费		口	1		18124823		2356227	20481050	30.64
15	G2010201	钻头费		口	1		652941		84882	737823	1.10
16	G2010201B001	660.4mm钻头		只	2	46575	93150	13	12110	105260	0.16
17	G2010201B002	444.5mm钻头		只	3	82840	248520	13	32308	280828	0.42
18	G2010201B003	311.1mm钻头		只	6	17613	105678	13	13738	119416	0.18
19	G2010201B004	215.9mm钻头		只	3	68531	205593	13	26727	232320	0.35
20	G2010202	钻井液材料费		口	1		16349150		2125390	18474540	27.64
21	G2010202B001	膨润土		t	55	750	41250	13	5363	46613	0.07
22	G2010202B002	烧碱	NaOH	t	21	1800	37800	13	4914	42714	0.06
23	G2010202B003	纯碱	Na$_2$CO$_3$	t	5	1450	7250	13	943	8193	0.01
24	G2010202B004	小苏打	NaHCO$_3$	t	2	1600	3200	13	416	3616	0.01
25	G2010202B005	羧甲基纤维素	CMC-HV	t	1	7500	7500	13	975	8475	0.01
26	G2010202B006	聚阴离子纤维素	PAC-HV	t	2	15000	30000	13	3900	33900	0.05
27	G2010202B007	大分子聚合物	80A51/KPAM	t	14	10300	144200	13	18746	162946	0.24

— 76 —

5 钻井工程造价管理方法

续表

序号	项目编码	项目名称	项目特征	计量单位	工程量	综合单价（元）	税前合价（元）	税率（%）	税金（元）	含税合价（元）	比例（%）
28	G2010202B008	降滤失剂	HFL–1	t	12	21800	261600	13	34008	295608	0.44
29	G2010202B009	小分子聚合物	KHPAN/NH4–HPAN	t	14	5000	70000	13	9100	79100	0.12
30	G2010202B010	磺化酚醛树脂	SMP–1	t	30	13600	408000	13	53040	461040	0.69
31	G2010202B011	磺化酚醛树脂	SMP–2	t	45	13600	612000	13	79560	691560	1.03
32	G2010202B012	磺化酚醛树脂	SMP–3	t	80	13800	1104000	13	143520	1247520	1.87
33	G2010202B013	磺化褐煤树脂	SPNH	t	125	9550	1193750	13	155188	1348938	2.02
34	G2010202B014	磺化腐植酸铬	PSC–1	t	15	3500	52500	13	6825	59325	0.09
35	G2010202B015	磺化腐植酸铬	PSC–1/PSC–2	t	75	3500	262500	13	34125	296625	0.44
36	G2010202B016	防塌剂（胶体）	SY–A01/YL–N	t	100	8400	840000	13	109200	949200	1.42
37	G2010202B017	防塌剂（粉剂）	XHL/FT–1A	t	80	8400	672000	13	87360	759360	1.14
38	G2010202B018	乳化剂	SP–80	t	8	34000	272000	13	35360	307360	0.46
39	G2010202B019	润滑剂	PRH–1/MHR–86	t	73	10300	751900	13	97747	849647	1.27
40	G2010202B020	清洁剂	RH–4	t	5	2000	10000	13	1300	11300	0.02
41	G2010202B021	消泡剂	LXW	t	8	16910	135280	13	17586	152866	0.23
42	G2010202B022	氯化钾	KCl	t	130	5600	728000	13	94640	822640	1.23
43	G2010202B023	氯化钠	NaCl	t	100	600	60000	13	7800	67800	0.10
44	G2010202B024	硅酸钾	K$_2$SiO$_3$	t	3	12000	36000	13	4680	40680	0.06
45	G2010202B025	加重剂	铁矿粉	t	2300	2050	4715000	13	612950	5327950	7.97
46	G2010202B026	加重剂	重晶石粉	t	1700	1180	2006000	13	260780	2266780	3.39
47	G2010202B027	腐植酸钾	QSAMK	t	20	6000	120000	13	15600	135600	0.20
48	G2010202B028	高效抑制剂	YSM–2	t	10	6000	60000	13	7800	67800	0.10
49	G2010202B029	固体润滑剂		t	8	16965	135720	13	17644	153364	0.23

— 77 —

续表

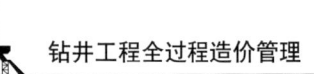

序号	项目编码	项目名称	项目特征	计量单位	工程量	综合单价(元)	税前合价(元)	税率(%)	税金(元)	含税合价(元)	比例(%)
50	G2010202B030	井眼稳定剂	JYW	t	10	10000	100000	13	13000	113000	0.17
51	G2010202B031	快钻剂	KSZJ	t	2	20000	40000	13	5200	45200	0.07
52	G2010202B032	屏蔽暂堵剂1型	YX−1	t	10	460	4600	13	598	5198	0.01
53	G2010202B033	屏蔽暂堵剂2型	YX−2	t	10	460	4600	13	598	5198	0.01
54	G2010202B034	水基防塌润滑剂	JLX	t	80	15000	1200000	13	156000	1356000	2.03
55	G2010202B035	稀释剂		t	5	8500	42500	13	5525	48025	0.07
56	G2010202B036	盐重结晶抑制剂	YSC−2	t	5	12000	60000	13	7800	67800	0.10
57	G2010202B037	油溶暂堵剂		t	10	12000	120000	13	15600	135600	0.20
58	G2010203	生产用水费		m³	3860	18.7	72200	13	9386	81586	0.12
59	G20103	钻井材料运输费		口	1		1097090		98738	1195828	1.79
60	G20103B001	钻井材料运输	钻井液材料量5173t,运输里程200km	t·km	1034600	0.65	672490	9	60524	733014	1.10
61	G20103B002	生产用水运输	生产用水3860t,运输里程200km	t·km	772000	0.55	424600	9	38214	462814	0.69
62	G202	钻井服务费		口	1		8513432		766209	9279641	13.88
63	G20201	管具服务费		d	258	11000	2838000	9	255420	3093420	4.63
64	G20202	井控服务费		d	258	2500	645000	9	58050	703050	1.05
65	G20203	钻井液服务费		d	258	2188	564504	9	50805	615309	0.92
66	G20206	取心服务费		m	8	80000	640000	9	57600	697600	1.04
67	G20207	顶驱服务费		d	258	6616	1706928	9	153624	1860552	2.78
68	G20209	中途测试费		d	2	25000	50000	9	4500	54500	0.08
69	G20210	打捞服务费		d	1	5000	5000	9	450	5450	0.01
70	G20211	生活服务费		d	258	8000	2064000	9	185760	2249760	3.37

— 78 —

5 钻井工程造价管理方法

续表

序号	项目编码	项目名称	项目特征	计量单位	工程量	综合单价（元）	税前合价（元）	税率（%）	税金（元）	含税合价（元）	比例（%）
71	G203	固井作业费		口	1		431614		28356.44	459970.44	0.69
72	G20301	固井施工费		口	1		81978		7378	89356	0.13
73	G2030101	一开固井施工费	508.0mm套管固井	次	1	12240	12240	9	1102	13342	0.02
74	G2030102	二开固井施工费	339.7mm套管固井	次	1	23246	23246	9	2092	25338	0.04
75	G2030103	三开固井施工费	244.5mm+250.8mm套管固井	次	1	23246	23246	9	2092	25338	0.04
76	G2030104	四开固井施工费	177.8mm套管固井	次	1	23246	23246	9	2092	25338	0.04
77	G20304	固井服务费		口	1		349636		20978	370614	0.55
78	G2030401	套管检测费		m	12624	3.5	44184	6	2651	46835	0.07
79	G2030402	水泥试验费		次	4	6800	27200	6	1632	28832	0.04
80	G2030403	水泥混拌费		t	665	180	119700	6	7182	126882	0.19
81	G2030404	下套管服务费		m	12624	10	126240	6	7574	133814	0.20
82	G2030405	试压服务费		次	7	4616	32312	6	1939	34251	0.05
83	G206	其他作业费		口	1		905961		81537	987498	1.48
84	G20601	环保处理费		口	1		905961		81537	987498	1.48
85	G2060101	废弃物拉运费	拉运距离50km	t·km	31000	0.65	20150	9	1814	21964	0.03
86	G2060102	废弃物处理费		口	1		885811		79723	965534	1.44
87	G2060102B001	废弃物收集		m³	2560	22.02	56371	9	5073	61444	0.09
88	G2060102E002	废弃物处理	普通水基钻井液，板框压滤	m³	2560	324	829440	9	74650	904090	1.35

— 79 —

5.2.3 建设单位钻井工程造价管控重点

设计阶段建设单位管控钻井工程造价主要是加强钻井工程设计管理,优化工程设计参数,尽可能减少低效和无效钻井工程量和各种措施作业工作量。

5.2.3.1 推行标准化设计

推行标准化设计,可以实现技术与经济有效结合,可以有效控制低效、甚至无效技术措施项目和工程量。根据本油气区地质、工程条件和生产组织方式,在满足勘探开发目的和安全生产基础上,设定钻井设计标准化项目和非标准化项目。标准化项目是钻井工程施工所必需的设计项目,非标准化项目是为了提高某一方面生产效率或更好的工程质量而实施的一些辅助性技术措施。标准化项目直接由设计单位按照相关技术标准和要求实施设计,非标准化项目需要经过一定的管理程序进行论证和审批后方可实施设计。

例如,某油田公司2013年推行标准井控制,2014年推行标准化设计。钻井标准化设计是指分区块与井型、井身结构建立标准井,以标准井设计作为拟实施新井钻井设计的参照文本,标准化设计内容包含标准项目与非标准项目两部分。标准项目依据标准化设计文本正常设计,非标准项目按管理权限由油田公司专业部门、主管领导进行事前审批。依据钻井标准化设计编制概算,作为新井投资计划下达、钻井施工与完钻结算的控制限额。2014年在32个区块采用35口标准井钻井标准化设计,通过事前审批控制,非标准项目应用由2013年的316口井、2611井次降至2014年的445口井、1914井次,单井非标准项目同口径对比降低48%,节约投资2.1亿元。

5.2.3.2 优化工程设计参数

5.2.3.2.1 优化井身结构

井身结构直接决定了一口井的钻井工程量,简化井身结构对钻井工程造价影响最大。例如,华北油田河西务构造务103断块油田,由于馆陶组的砾岩井段岩层胶结疏松,存有缝隙,常常发生井漏。为了保证钻井工程的顺利进行,过去被迫采取下一层244.5mm技术套管的措施,套管下入深度1800m左右。后来采用了能够随钻堵漏的钻井液,较好地解决了馆陶组砾岩层的漏失问题,简化了井身结构,省去一层1800m长的244.5mm技术套管,套管重量约108t,节约45t水泥,钻头和钻井液用量也大幅度减少,建井周期和钻井周期缩短50%以上(表5-12)。一口井节省200多万元。

表5-12 井身结构对钻井周期的影响

序号	项目	单位	简化前	简化后	水平提高
1	综合钻速	m/台月	1053	2114.5	100.8%
2	机械钻速	m/h	6.07	7.92	30.5%
3	钻井周期	d	77.7	37.9	51.2%
4	建井周期	d	91.6	45.2	50.7%

5.2.3.2.2 优化井型

按井眼轨迹将井型分为直井、定向井和水平井。通常定向井工程造价比常规直井要超出 20%～50%，水平井工程造价比常规直井要超出 1～3 倍。因此，要对直井、定向井和水平井造价水平和预计的产量以及投资回报水平进行对比分析，保证优选合适的井型。表 5-13 给出了某油田开发时直井和水平井工程造价对比结果。

表 5-13 井型对钻井工程周期和造价影响

项目	平均井深（m）	周期（d）	单位造价（元/m）	单井造价（万元/口）
直井	3904	67.5	2256	881
水平井	4439	120.0	5081	2256
变化幅度	535	52.5	2825	1375
变化率	14%	78%	125%	156%

5.2.3.2.3 优化钻井材料

以套管为例，不同钢级的套管，价格相差较大。H40、J55、K55 等强度较低的套管价格相对便宜，N80 这种强度适中的套管价格也适中，P110、Q125 这种强度较高的套管价格较贵。通常购买套管价格时都按"元/t"计算，同种钢级的套管，壁越厚，单位长度套管就越重，折算成单位造价就越高。表 5-14 给出了某油田 244.5mm 套管参考价格。

表 5-14 某油田 244.5mm 套管参考价格

单位：元/m

序号	壁厚（mm）	J-55（国产）	N-80（国产）	N-80（进口）	P-110（国产）	P-110（进口）
1	10.03	315	345	482	375	518
2	11.05	343	375	524	408	563
3	11.99	371	406	567	441	608

如表 5-14 所示，一是同种壁厚套管，钢级越高，套管价格越高；二是进口套管普遍比国产套管价格高出许多；三是同种钢级套管，管壁越厚，单位长度造价就越高，每增加一个厚度等级，价格约上升 10%。因此，选择不同钢级的套管，价格也相差较大，对钻井工程造价造成很大影响。

在套管设计时，应避免将套管安全系数定得过大，造成不必要的浪费。应根据井眼的实际情况进行套管设计，在满足油气井安全的前提下，按井的不同深度、不同压力，根据强度校核分段选用不同钢级、不同壁厚的套管。

5.2.3.2.4 优选井位

在满足钻井目的的前提下，科学合理地选择钻井井位，是控制钻前工程造价的重点，也是保证是否顺利钻达目的层的关键环节。井位选择合理，可以产生以下降低投资效果：一是可降低钻前施工工作量，缩短施工周期，降低工程造价；二是为选择较简单的钻前构筑物类型、结构等打下基础，降低材料消耗和人工机械消耗；三是可减少钻前临时道路的修建，降低钻前工程造价；四是可减少用地费用。如井位选址不当，不仅使钻前工程费用增加，造成不必要的浪费，还会给钻井工程带来很大的困难，影响钻井的速度，造成不必要的人力物力的损耗。更为严重的是，井位坐标选错，不仅达不到钻探目的，甚至还会造成工程报废或地质报废。

5.2.3.2.5 优选资料录取要求

不同类别的井，担负地质任务和目的不同，录取资料的项目、数量均有很大的差别，导致工程造价也有所不同。表5-15、表5-16、表5-17给出了各类井录取资料的基本要求对比情况。资料录取的项目、内容、数量不是越多越好，超过了规定要求，就会造成无效工作量，因此，要力争做到"不多取一包无效岩屑，不多取一米无效岩心"。但是在目的层段必须要取的岩屑、岩心资料一点也不能少。另外，在保证地质任务完成的前提下，取心长度尽量与取心筒长度相配，以减少起下钻的次数，缩短钻井周期。

表5-15 各类井上交资料数量及钻井取心进尺要求

井别	资料上交数量（项）			钻井取心进尺
	原始资料	完井资料	分析化验资料	
区域探井	15	23	16	大于设计井深进尺3%
预探井	14	23	17	大于设计井深进尺1%
评价井	13	21	3	部分井取心
开发井	13	21	3	少数井取心

表5-16 各类井岩屑录井录取资料要求

井别	非目的层		目的层	
	浅层（m/包）	中深层（m/包）	砂泥岩（m/包）	碳酸盐岩（m/包）
区域探井	5~10	2~5	1~2	0.5~1.0
预探井	10	5	1~2	0.5~1.0
评价井			1~2	0.5~1.0
开发井			1~2	0.5~1.0

表5-17 各类井分析化验项目及录井要求

井别	分析化验项目	录井要求
区域探井	全井系统取样、地层岩性、物理化学性质、古生物等16项	全井综合录井
预探井	全井系统取样、地层岩性、物理化学性质、古生物等16项	全井气测录井、个别井综合录井
评价井	岩石矿物、油层物性、油气水分析3项	部分井气测录井，其余用简易或自动录井仪录井
开发井	岩石矿物、油层物性、油气水分析3项	油层段用简易或半自动仪录井

5.2.3.2.6 优选完井方式

完井方式不同，所需要的材料差异很大，工艺也不相同，因此，工程造价也相差很多。如普通裸眼完井只需要把技术套管下至目的层顶部固井，然后再钻开目的层完井，这样工序相对简单，造价相对便宜；而用射孔完井，不仅多下一层生产套管，而且比裸眼完井多一道射孔工艺；如果需要下入各种筛管或封隔器完井，工艺就更复杂，井下工具多，造价就更高一些。但也不是完井方式越简单越好，而是要根据储层特点，在保证完成勘探开发任务的前提下，优选完井方式，避免产生过剩功能。

5.2.3.2.7 优选探井试油层位

探井试油是对一个层位、一口井或是一个构造有无油气下结论的工程。试油层位的选择关系到试油有效工程量，对工程造价影响很大，是降低钻探工程造价的关键。

要提高试油的投资效益，就要树立用较少的试油工作量，较快地搞清地下情况的观点，克服似乎试油层位越多越放心的心理。试油层位的确定要分清重点层位和次要的验证层位，提出不同的取资料要求，切忌分层过细，主次不分，造成试油时间过长。在确定层位时，首先打开最理想的层位，以尽快取得资料。各油田都有不少由于试油层位选择不当，主次不分，造成"好事多磨""溃于试油一战"的沉痛教训，花费了巨额代价。

试油层位选择遵循两个基本原则：一是根据不同勘探阶段的钻探目的进行选择。区域探井钻探目的是了解勘探地区的地层层序、岩层厚度和生油条件、储盖层组合情况，试油层位首先选择最好的油气显示层射开试油；预探井钻探目的是查明油气层位及确定有无工业价值，试油层位应首先打开最理想的层段；评价井钻探目的是探明油气层特性及油气边界，圈定含油气面积，试油层位的选择应以搞清油气水层分布、油层物性、产能特征、压力系统和油气藏的驱动类型及特征为目的，合理选择试油层位。二是对所选择的层位要自下而上进行试油。

5.2.3.3 建立钻井工程投资预算预警制度

建立钻井工程投资预算预警制度，科学管控低效、甚至无效技术措施工程量。以概算指标作为编制单井钻井工程投资预算的预警指标。当单井钻井工程预算投资大于概算指标时，工程造价管理部门要向钻井业务主管部门提出单井投资异常情况说明，按超出概算指标幅度高低和授权级别，分别由建设单位业务主管部门、油田公司业务主管部门、油田公司主管领导决定处置意见。例如，某油田公司狠抓钻井方案设计优化，建立钻井工程投资预算预警制度，2011—2014年共预警钻井工程投资预算469井次，节约投资8.29亿元。基本做法总结如下：

（1）当钻井工程投资预算大于预警指标且超过值不大于5%时，由建设单位工程造价管理部门向本单位工程技术与监督部门或勘探开发管理部门等业务主管部门提交预警资料，由建设单位业务主管部门提出处置意见。

（2）当钻井工程投资预算大于预警指标且超过值在5%~10%（含10%）时，由建设单位工程造价管理部门向本单位工程技术与监督部门或勘探开发管理部门等业务主管部门提交预警资料；业务主管部门会同相关科室提出建议意见，并上报油田公司业务主管部门；由油田公司业务主管部门会同相关处室提出处置意见。

（3）当钻井工程投资预算大于预警指标且超过值大于10%时，由建设单位工程造价管理部门向本单位工程技术与监督部门或勘探开发管理部门等业务主管部门提交预警资料；业务主管部门会同相关科室提出建议意见，并上报油田公司业务主管部门；由油田公司业务主管部门会同相关处室提出建议，并由油田公司主管领导决定处置意见。

5.2.4 施工单位钻井工程造价管控重点

设计阶段施工单位管控钻井工程造价主要体现在要全面分析钻井工程所要遇到的问题，应用先进适用的钻井技术，全面降低钻井工程风险和成本。

5.2.4.1 钻井工程施工设计应考虑的问题

钻井工程施工设计中需要重点考虑的16个方面问题提示如下：
（1）井场准备问题；
（2）异常地层压力问题；
（3）砾岩层、高渗透性砂岩或裂缝性地层等井漏问题；
（4）井斜控制问题；
（5）易水化分散泥岩段和易泥包钻头井段的问题；
（6）机械钻速问题；
（7）井眼扩大问题；
（8）键槽、压差、井眼不清洁及缩径等卡钻问题；
（9）盐岩层和膏岩层问题；
（10）浅气层问题；
（11）高温问题；
（12）沿水泥环的气窜问题；
（13）储层损害问题；
（14）有毒有害气体问题；
（15）岩屑和钻井液的排放问题；
（16）气候问题。

5.2.4.2 应用先进适用钻井技术

应用先进适用的钻井技术是控制钻井工程造价的一个重要手段。对先进适用的钻井技术应有正确的认识和理解。"适用技术"是指适合工程实际情况、能产生最大的综合经济效益的技术。"适用技术"注重的是效果，而不是单纯的先进技术，先进的适用的钻井技术是保证工程质量、速度和安全性的关键。技术与经济综合分析选用先进适用技术，保证最大限度合理确定工程造价。

推广先进适用的钻井技术,要正确处理新技术的应用和降低工程成本的关系,不能孤立地只算投入,不算产出,要用钻井新技术增加的投入和提高钻井速度、质量带来的收益进行综合分析,从钻井工程的整体效益权衡进行决策。如欠平衡钻井新技术,有利于发现低压储层和保护油气层,并能提高钻速,降低钻井费用,但是只有在合适的地质条件下,如硬地层、欠压或衰竭地层、高渗(大于 1000mD)并胶结良好的晶间砂岩和碳酸盐岩、高渗弱胶结砂岩等地层,才能取得较好的效果,否则难以补偿欠平衡钻井装备的巨额投入。因此,在推广使用新技术时,必须注意各种钻井新技术的使用条件,要考虑技术选择的经济效果,要从技术的先进性、适用性综合考虑,不要脱离生产经营实际,单纯地为使用新技术而使用新技术。下面以钻头选型优化为例进行说明。

5.2.4.2.1 钻头选型步骤

钻头选型原则:单只钻头进尺多、机械钻速高、单井钻头消耗数量少、钻井费用低是钻头选型的基本原则。通常钻头选型包括以下 4 个步骤。

第 1 步:根据地层岩石可钻性和研磨性及钻头的破岩机理结构特性选择钻头型号,钻头选型的实质是使钻头类型与所钻地层的岩性相适应。

第 2 步:用费用计算方法初选钻头类型,即

$$C_\mathrm{t} = \frac{C_\mathrm{b} + C_\mathrm{r} \times (T_\mathrm{r} + T_\mathrm{c} + T)}{H} \tag{5-1}$$

式中 C_t——单位进尺造价,元/m;
C_b——钻头价格,元/只;
C_r——钻进作业费,元/h;
T_r——起下钻换钻头时间,h;
T_c——钻头纯钻进时间,h;
T——接单根时间,h;
H——钻井总进尺,m。

第 3 步:用等成本方法调整钻头类型。调整的原则是调整后的钻头类型,应使单位进尺造价低于或者至少等于调整前的单位进尺造价。

第 4 步:按照钻井设计的井身结构确定全井各种尺寸的钻头序列。

5.2.4.2.2 钻头选型优化方案示例

已知条件:某油田开发井钻井工程设计时,钻进作业日费为 7.68 万元,二开井段采用 311.1mm 钻头,表 5–18 和表 5–19 给出了两个钻头选型方案。

表 5-18　311.1mm 钻头选型方案一

序号	型号	井段 (m)	钻速 (m/h)	进尺 (m)	起下钻时间 (h)	钻进时间 (h)	接单根时间 (h)	钻头价格 (万元)
1	HJ437G	800～1080	2.50	280	10.60	112.00	2.80	3.35
2	HJ437G	1080～1210	2.00	130	11.76	65.00	1.30	3.35
3	HJ517	1210～1360	1.50	150	13.09	100.00	1.50	6.50
4	HJ517	1360～1450	1.50	90	13.89	60.00	0.90	6.50
5	JEG535	1450～2520	2.00	1070	23.40	535.00	10.70	43.25
6	BD536	2520～3500	2.00	980	32.11	490.00	9.80	45.12
	合计			2700	104.85	1362.00	27.00	108.07

表 5-19　311.1mm 钻头选型方案二

序号	型号	井段 (m)	钻速 (m/h)	进尺 (m)	起下钻时间 (h)	钻进时间 (h)	接单根时间 (h)	钻头价格 (万元)
1	HJ437G	800～1080	2.50	280	10.60	112.00	2.80	3.35
2	HJ437G	1080～1210	2.00	130	11.76	65.00	1.30	3.35
3	HJ517	1210～1360	1.50	150	13.09	100.00	1.50	6.50
4	HJ517	1360～1450	1.50	90	13.89	60.00	0.90	6.50
5	HJ537	1450～1730	2.20	280	16.38	127.27	2.80	6.65
6	HJ537	1730～1990	2.00	260	18.69	130.00	2.60	6.65
7	HJ537	1990～2220	1.80	230	20.73	127.78	2.30	6.65
8	HJ537	2220～2430	1.60	210	22.60	131.25	2.10	6.65
9	HJ537	2430～2580	1.20	150	23.93	125.00	1.50	6.65
10	BD536	2580～3500	2.00	920	32.11	460.00	9.20	45.12
	合计			2700	183.78	1438.30	27.00	98.07

方案一共用 6 只钻头，钻头费用 108.07 万元；方案二共用 10 只钻头，钻头费用 98.07 万元，比方案一减少钻头费用 10.00 万元。若仅对比钻头费用，应选用方案二。

进一步对比钻井总时间和钻井总造价，见表 5-20。可以看出，与方案二相比，方案一钻井总时间减少 6.47d，钻井总造价减少 39.68 万元，单位进尺造价减少 147 元/m。因此，选择方案一作为钻井工程施工设计中 311.1mm 钻头设计推荐方案。

5.2.4.2.3　钻头选型优化实例

下面以实例说明应用先进适用的钻井技术。1998—1999 年在川西地区使用 PDC 钻头，与牙轮钻头相比，在同地区、同地层、同井段条件下单只钻头进尺和机械钻速都成倍增加，大幅度缩短钻井周期，浅井缩短 6～7d，中深井缩短 30d。尽管单只 PDC 钻头价格比牙轮钻头高出 5～8 倍，但单位进尺造价降低 21%～35%，见表 5-21 和表 5-22。

表 5-20　311.1mm 钻头选型方案对比

序号	项目	计算公式	方案一	方案二	方案一－方案二
1	钻井总时间（d）	（起下钻时间＋钻进时间＋接单根时间）÷24	62.24	68.71	－6.47
2	钻进作业费（万元）	（起下钻时间＋钻进时间＋接单根时间）÷24×钻进作业日费	478.03	527.71	－49.68
3	钻头费（万元）		108.07	98.07	＋10.00
4	钻井总造价（万元）	钻头费＋钻进作业费	586.10	625.78	－39.68
5	单位进尺造价（元/m）	钻井总造价÷总进尺	2171	2318	－147

表 5-21　浅井钻头优化对钻井工程造价影响

序号	钻头直径（mm）	钻头类型	统计量（只）	平均单只进尺（m）	平均机械钻速（m/h）	单位进尺造价（元/m）
1	216	牙轮	27	134	2.96	282
2	190	PDC	22	297	5.76	222
3	PDC 钻头－牙轮钻头			163	2.80	－60
4	变化率			122%	95%	－21%

表 5-22　中深井钻头优化对钻井工程造价影响

序号	钻头直径（mm）	钻头类型	统计量（只）	平均单只进尺（m）	平均机械钻速（m/h）	单位进尺造价（元/m）
1	216	牙轮	30	225	2.23	415
2	190	PDC	6	1437	3.72	271
3	PDC 钻头－牙轮钻头			1212	1.49	－144
4	变化率			539%	67%	－35%

5.3　准备阶段钻井工程造价管理方法

5.3.1　建设单位钻井工程招标

5.3.1.1　建设单位钻井工程招标需求

钻井工程招标是一项钻井工程建设单位运用竞争机制选择钻井工程施工单位的工作。钻井工程投标是一项施工单位按照招标要求提出报价，争取获得工程施工任务的工作。投标是与招标相对应的概念。

常用的招标方式分为公开招标、邀请招标、议标。公开招标是招标活动处于公开监督之下，通常要公开发布招标通告，凡愿意参加投标的施工单位，都可以按通告中的地址领取或购买较详细的介绍资料和资格预审表格，通过资格预审的施工企业便可购买招标文件和参加投标。邀请招标又称选择性招标，招标人根据自己具体的业务关系和资料邀请施工单位,通过资格预审后,再由他们进行投标。议标又叫谈判招标,由招标人物色少数施工单位直接进行合同谈判,谈判成功,交易即达成,它不属于严格意义上的招标方式。

钻井工程招标投标一般分为招标、投标、评标3个阶段。

5.3.1.1.1 招标阶段主要工作内容

招标阶段主要是招标人开展工作,主要工作内容如下:
(1) 组织编制招标文件。
(2) 发布招标通告。
(3) 收集投标申请书。
(4) 审查投标人资格。
(5) 发售招标文件。
(6) 接收投标人交纳的投标保证金或银行出具的投标保函。

5.3.1.1.2 投标阶段主要工作内容

投标阶段主要是投标人开展工作,主要工作内容如下:
(1) 投标准备工作,包括熟悉招标文件内容、项目调查和现场踏勘、参加标前会。
(2) 组织编写投标文件,包括编写投标函、计算标价并填写报价表、编写报价说明、编写与报价相关的技术文件、准备法人代表授权证书和有关资料、投标文件签字认可等。
(3) 寄送投标文件,在规定期限内将投标文件寄给或当面送交给招标人。

5.3.1.1.3 评标阶段主要工作内容

评标阶段招标人和投标人共同开展工作,主要工作内容如下:
(1) 开标。分为公开开标和秘密开标。公开开标由招标人和公证人按照规定的时间和地点,当众拆开所有密封投标文件,宣布其内容。凡是参加投标者都可派代表监视开标。秘密开标由招标人不公开开标,自行选定中标人。
(2) 评标。开标后,由评标委员会按照规定的评标标准和方法,对各投标人的投标文件进行评价比较和分析,然后选定中标单位。
(3) 中标签约。决标后,向中标人发中标通知书,中标人尚须向招标人交纳履约保证金或出具银行履约保函,招标人和中标人签订合同。也要通知其他没有中标的投标人,并及时退还其投标保证金,银行出具的保函的责任即告终止。

5.3.1.1.4 钻井工程招标文件编制

钻井工程招标文件通常包括投标邀请函、投标须知、评标办法、技术文件、工程量清单编制说明、投标文件格式、合同条款及格式、附件、招标标底等内容。

5.3.1.2 建设单位钻井工程招标标底编制方法

钻井工程招标标底的编制方法同钻井工程投资预算编制方法是一致的。可以直接采用钻井工程投资预算作为招标标底，也可以根据招标工程的具体内容和要求，在钻井工程投资预算的基础上调整相应的工程量和综合单价，形成钻井工程招标标底，示例见表5-10。

5.3.2 施工单位钻井工程投标

5.3.2.1 施工单位钻井工程投标需求

根据招标文件要求准备投标文件。投标文件通常由投标要件、技术投标书、商务投标书3部分组成。投标要件包括投标保证金或保函、资格证明文件、财务证明文件、保密承诺书、廉政承诺书及其他所需要的文件。技术投标书包括钻井工程施工设计、工程管理组织和人员、主要施工设备、合同进度计划、HSE管理计划、以往工程经验及类似工程经验、分包商名单、供货商名单及其他。商务投标书包括投标函、开标一览表、投标报价、其他。

5.3.2.2 施工单位钻井工程投标报价编制方法

施工单位钻井工程投标报价需要根据建设单位招标文件中给定的模板进行编制。因此，钻井工程投标报价的编制方法同钻井工程招标标底编制方法是一致的。钻井工程投标报价需要根据钻井工程施工设计和施工单位计价标准编制，可以直接采用施工单位钻井工程成本预算作为投标报价，也可以根据招标工程的具体内容和要求，在钻井工程成本预算的基础上调整相应的工程量和综合单价，形成钻井工程投标报价，示例见表5-11。

5.3.3 钻井工程合同价格编制

5.3.3.1 钻井工程合同价格编制需求

根据招标文件中评标办法要求，经过开标、评标，最后确定中标单位，评标阶段最终结果是签订钻井工程合同。钻井工程合同价格通常是一份独立的钻井工程造价文件，作为整个合同书中的一个附件，位于主要合同条款后面。

5.3.3.2 钻井工程合同价格编制方法

钻井工程合同价格需要根据建设单位招标文件中给定的模板进行编制。因此，钻井工程合同价格的编制方法同钻井工程招标标底编制方法是一致的，仅是具体的工程量和综合单价需要根据中标结果由建设单位和施工单位共同编制。

5.3.4 建设单位钻井工程造价管控重点

准备阶段建设单位管控钻井工程造价重点是招标过程中的编制工程量清单、编制标底、签订鼓励性计价合同3个方面。

5.3.4.1 编制工程量清单

编制工程量清单应按照有关规定，采用统一的工程项目划分方法、统一的计量单位、统一的工程量计算方法。编制工程量清单时需要注意以下几点：

（1）编制依据全面充分。必须全面掌握工程有关资料，如钻井地质设计、钻井工程设计、钻机类型等。实地勘察钻井现场，了解实际施工条件，为计算工程量打好基础，尽量减少日后工程变更。这是有效控制钻井工程造价的关键环节之一。

（2）工程项目划分科学合理。要求项目之间界限清楚，作业内容、工艺和质量标准清楚，便于计量和报价。项目划分尽量要细，避免不平衡报价。

（3）工程量清单项目应尽可能周全。不重不漏是编制招标工程量清单的最基本要求，清单中漏掉的项目会引起工程造价失控。因此，编制清单时应有一定的预见性，增列一些可能发生的项目，列入少量的工程量。

（4）编制说明言简意赅。编制说明应包括工作内容的补充说明、特殊工艺要求、主要材料规格型号及质量要求、现场施工条件、自然条件等。尤其是现场施工条件和自然条件说明，应表述准确，便于投标单位了解情况。

（5）配套表格操作性强。清单配套表格设计合理、实用直观，既要使投标操作起来不烦琐，又要利于评标方便快捷，不要产生误操作。

5.3.4.2 编制标底

招标标底是评价投标人投标报价合理性的重要参考依据，是合同管理中确定合同变更、价格调整、索赔和额外工程价格的依据。因此，准确计算标底对控制工程造价具有重要意义。编制标底时需要注意以下几点：

（1）标底要符合相关规定。根据国家有关规定、技术标准、工程量清单、招标文件要求，参照国家、行业、地方或企业批准发布的计价标准和要素市场价格，确定工程量和标底，标底价格反映社会平均水平。

（2）标底要与市场相吻合。标底作为招标人的期望价格，应力求与市场的实际变化相吻合，要有利于竞争和保证工程质量。

（3）标底要控制在限额内。一般应控制在批准的钻井工程投资估算或概算额度以内。

（4）标底要考虑价格变化。编制标底时应考虑人工、设备、材料等价格变化因素。

（5）一个工程只能编制一个标底。

5.3.4.3 签订鼓励性计价合同

确定合理的合同价格和签订严密的工程合同，是控制工程造价的重要手段之一。从20世纪90年代开始，国际上越来越多地采用鼓励性计价合同模式，以促进作业效率的提高和钻井投资的降低。鼓励性计价模式主要有鼓励性日费计价、鼓励性风险分担计价、鼓励性总包计价等3种类型。

5.3.4.3.1 鼓励性日费计价

鼓励性日费计价方法是在传统日费计价方法基础上，增加一些鼓励性措施和相应条款，以激励施工单位的积极性，改善作业指标；建设单位则因作业指标改善而降低投资，提前发现或生产油气。合同双方根据以往的作业经验和邻井资料，并结合钻井设计，共同制定考核指标。在实施过程中，若实际作业指标优于设计考核指标，施工单位除按日费率获得报酬外，还将按事先确定的方法获得奖金，归纳起来主要有5种方法。

（1）根据钻时确定。施工单位奖金=（目标钻时－实际钻时）×奖金系数。

（2）根据钻井液造价确定。建设单位和施工单位事先商定好目标钻井液造价、节约或超支的分摊比例。施工单位奖金=（目标钻井液造价－实际钻井液造价）×分摊比例。

（3）根据钻头造价确定。参照邻井数据计算平均钻头造价，钻头造价节约部分全归施工单位。

（4）根据单位进尺造价确定。根据以往作业经验和资料，建设单位和施工单位设定单位进尺造价目标，不包括套管、水泥、测井以及井口等费用，若单位进尺造价低于目标值，则施工单位按设定的计算方法获得奖金。

（5）根据综合钻井周期确定。在合同中采用设计钻井周期乘以正常日费综合单价确定一口井固定的总造价，同时规定了一个钻井周期上限，通常是设计钻井周期的1.1~1.2倍。分3种情况计价：一是实际钻井周期少于设计钻井周期，建设单位除按正常日费综合单价和实际钻井周期向施工单位支付报酬外，再按提前完成天数的50%和日费综合单价支付给施工单位；二是实际钻井周期在设计钻井周期及其上限之内，建设单位将按固定的总造价支付给施工单位；三是实际钻井周期超出设计钻井周期上限，建设单位除支付给施工单位固定的总造价外，超出上限的天数按正常日费综合单价支付。在后两种情况下，施工单位的实际收入低于按正常的日费综合单价计算的收入。

5.3.4.3.2 鼓励性风险分担计价

按照建设单位和施工单位双方同意的比例，一部分以进尺费计价，其余部分按日费计价。综合单价计算公式为

$$S_f = D_p \times F \times R \div H_p \tag{5-2}$$

$$S_t = (1-F) \times R \tag{5-3}$$

式中　S_f——鼓励性进尺综合单价，元/m；

D_p——在鼓励性进尺综合单价下钻达目标深度或设计总深度的预计时间，d；

F——鼓励性系数，$0<F<1$；

R——钻井作业日费综合单价，元/d；

H_p——目标深度或设计总深度，m；

S_t——鼓励性日费综合单价，元/d。

鼓励性系数F趋于1时为进尺费计价，若在钻井过程中发生问题，施工单位承担主要风险；而鼓励性系数F趋于0时为日费计价，建设单位承担主要风险。如果要钻的井存在许多难以预测的不确定因素，通常采用较低的鼓励性系数，日费计价部分较大；如果只有较少的不确定因素，则采用较高的鼓励性系数，进尺费计价部分较大。这种方式具有较大的灵活性，因而可用于各种类型的井。

5.3.4.3.3 鼓励性综合总包计价

鼓励性综合总包计价指施工单位交付一口合格的完成井，采用一次性支付总造价，并根据作业指标予以奖励的一种计价模式。这种方式又可以分为两种方法。

(1) 发放奖金。奖金依据 3 个指标计算：总钻井时间（包括为钻达目的井深所需的所有作业）、钻井液造价和钻头造价。若提前完成，则节省时间内所有与时间相关造价的 50% 作为奖金；钻井液造价和钻头造价的节省或超支，则由建设单位和施工单位各分享或分担一半。全部奖金由参与项目的所有施工单位共享。施工单位行使管理权，建设单位监督、检验作业质量是否满足规范要求。

(2) 追加工作量。根据前一个阶段或者前一批井的钻井作业指标优良程度，在后续各批钻井作业中，对于钻井速度最快和钻井效率最高的施工单位直接追加一定的钻井工程量。

5.3.5 施工单位钻井工程造价管控重点

准备阶段施工单位管控钻井工程造价重点主要有两个方面，一是准确确定钻井工程合同价格，二是科学选择钻井施工设备。

5.3.5.1 准确确定钻井工程合同价格

首先要非常熟悉工程量清单计价规则，详细分析研究钻井工程招标文件和要求。其次要采用盈亏平衡法等科学有效的方法准确测算钻井工程合同价格。通常各种预算定额、概算定额是一个固定数值，而合同价格同生产组织方式密切相关，并且同钻井工作量多少关系重大。如果不管生产组织方式和工作量多少，直接套用定额，可能会产生偏差，有时偏差会很大。下面举例说明钻井工程合同价格与生产组织方式的关系，如图 5-2 所示。

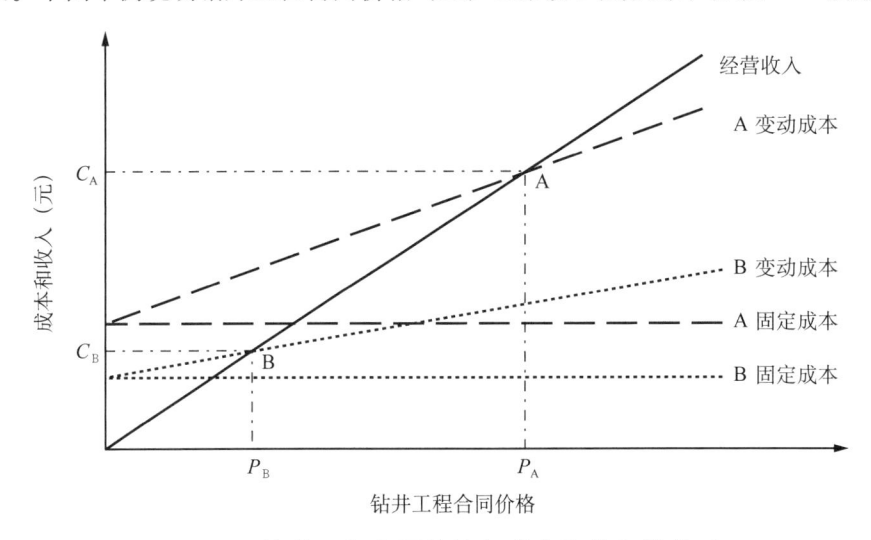

图 5-2 钻井工程合同价格与成本和收入的关系

某钻井工程项目的工作量 Q 已经确定，钻井经营收入会随着钻井工程价格的增加或减少而呈线性增长或降低。在钻井工作量 Q 的条件下，生产组织方式可以有 A 方案和 B 方案，对应的钻井成本可分为 A 固定成本和 A 变动成本、B 固定成本和 B 变动成本。对于 A 方案生产组织方式，A 点是盈亏平衡点，对应的总成本或总收入均为 C_A，合同价格应大于等于 P_A。对于 B 方案生产组织方式，B 点是盈亏平衡点，对应的总成本或总收入均为 C_B，合同价格应大于等于 P_B。很显然，P_A 远大于 P_B。

5.3.5.2 科学选择钻井施工设备

一般钻井施工设备价格高，在钻井成本构成中所占比例大，进而对钻井工程造价影响程度大。因此，根据施工项目复杂程度，合理配置钻井施工设备类型，避免出现"大马拉小车"的现象，有效管控钻井工程造价，举例如下。

5.3.5.2.1 优选固井设备

固井设备的配置对工程造价影响很大。根据固井特种车辆的产地和性能，不同的特车价格相差很大。例如，在某油田，进口 CPT-986 和哈里伯顿水泥车价格昂贵，但它们功率大、功能全，能适应各类固井作业需要。而国产 SNC35-16 Ⅱ 型水泥车相对价格便宜，一般中深井均适用，使用费用低。因此，固井队应根据生产实际合理配置水泥车，既有适应深井和超深井固井用的大功率进口水泥车，也有适应浅井、中深井固井用的国产水泥车。如果不管所固井的深浅，一味地追求使用大功率性能优越的进口水泥车固井，势必浪费资源，造成固井作业费用高。

5.3.5.2.2 优选录井仪器

完成同样的地质录井任务，不同的录井仪器所需的费用差别很大。例如，在某油田，采用国产综合录井仪录井比采用气测录井仪录井每日费用要多 25% 左右，进口综合录井仪录井比采用气测录井仪录井每日费用要多 85% 左右，采用进口综合录井仪录井比采用国产综合录井仪录井每日费用要多 50% 左右。区域探井、重点预探井、水平井和超过 5000m 的深井一般使用综合录井仪，区域探井和重点预探井必要时使用进口综合录井仪，其余井均可采用气测录井仪，开发井基本使用简易地质录井仪就可以完成地质录井任务。这就要分析综合各种因素，究竟选用哪种仪器，既能满足地质的需要，又可以节省录井费用。另外，除非一些重点探井或特殊复杂井，需要立即得到一些分析化验资料外，一般在化验室内可解决油气评价问题的化验项目，就不必一定要进行现场定量分析化验，因为一旦仪器搬往现场，其费用就要增加许多。

5.3.5.2.3 优选测井设备

测井作业费是按测井项目和选用的测井仪器计价的，因此，测井作业费取决于测井系列和设备。需要根据不同地区、不同类型油气藏和不同的井别（区域探井、预探井、评价井、开发井），优选测井系列，否则就会造成浪费。完成相同地质任务的同一测井项目，使用不同的测井仪器，其测井价格相差很大，如在某油田，引进数控测井仪为国产数控测井仪的 2.5 倍左右。因此，需要慎重对待测井仪器的选择。在选用测井系列时，一定要从实际出发，根据所测对象、所要解决的任务和仪器的技术性能，选择适用的不同的下井仪器，做好性能价格比分析，这是降低测井作业造价的关键。

5.4 施工阶段钻井工程造价管理方法

5.4.1 建设单位钻井工程施工结算

5.4.1.1 建设单位钻井工程施工结算需求

钻井工程施工结算指建设单位和施工单位双方依据合同约定，进行工程预付款、工程进度款、工程竣工价款结算的活动。

5.4.1.1.1 钻井工程施工结算方式

钻井工程施工结算方式主要有按月或季度结算、分阶段结算、按单井结算。

（1）按月或季度结算。实行按月或季度支付进度款，竣工后清算。合同工期在两个年度以上的工程，在年终进行工程盘点，办理年度结算。

（2）分阶段结算。按照工程形象进度，划分不同阶段支付工程进度款。具体划分阶段在合同中明确。

（3）按单井结算。按照已完工的各口单井实施竣工结算。

5.4.1.1.2 钻井工程施工结算主要内容

钻井工程施工结算主要包括竣工结算、分阶段结算、专业分包结算、合同中止结算。

（1）竣工结算。钻井工程项目完工并经验收合格后，对所完成的钻井工程项目进行全面的结算。

（2）分阶段结算。按照合同约定，根据钻井工程特征划分为不同施工阶段并进行结算。分阶段结算是一种中间结算。

（3）专业分包结算。按照分包合同约定，分包合同工作内容完成后，经总承包单位验收合格后进行结算。专业分包结算是一种中间结算。

（4）合同中止结算。钻井工程实施过程中合同中止时，需要对已完成且经验收合格的工程内容进行结算。合同中止结算有时也是一种中间结算。

5.4.1.1.3 钻井工程竣工结算审查

钻井工程竣工结算由施工单位编制，建设单位审查。建设单位收到施工单位递交的竣工结算报告及完整的结算资料后，应在规定的期限内进行核实，给予确认或提出修改意见。建设单位根据确认的竣工结算报告向施工单位支付工程竣工结算价款。

通常情况下，单位工程竣工结算由施工单位编制，建设单位审查；实施总承包的钻井工程，由分包施工单位编制单位工程竣工结算，在总承包单位审查的基础上，再由建设单位审查。钻井工程项目竣工总结算由总承包单位编制，建设单位可直接审查，也可委托具有相应资质的工程造价咨询机构进行审查。钻井工程竣工结算审查应依据钻井工程施工合同约定的结算方法进行，根据不同的施工合同类型，应采用不同的审查方法。

5.4.1.2　建设单位钻井工程施工结算编制方法

钻井工程项目完工并经验收合格后，甲乙双方按照钻井工程合同的约定，对所完成的工程项目进行工程价款的计算、调整和确认，包括钻井工程工程计量、合同价格调整、造价测算。

5.4.1.2.1　工程计量

工程计量就是根据合同约定，甲乙双方对施工单位完成合同工程的数量进行计算和确认。工程计量范围包括工程量清单及工程变更所修订的工程量清单的内容、合同文件中规定的各种费用支付项目，如费用索赔、各种预付款、价格调整、违约金等。工程计量依据包括工程设计、工程量清单及编制说明、工程变更导致修订的工程量清单、合同条件、技术规范、有关计量的补充协议、质量合格证书等。不符合合同文件要求的工程不予计量。

5.4.1.2.2　合同价格调整

在钻井工程完工后，由于工程实际情况发生变化，依据合同条款等相关规定，在甲乙双方协商一致的条件下，对某些综合单价进行相应调整，并根据合同约定的工程奖励与处罚条件、数额，确认最终钻井工程奖励与处罚数额。

5.4.1.2.3　造价测算

在确认实际完成工程量、合同价格调整的情况下，依据工程量清单，对照钻井工程设计和合同约定价格，逐项测算各项工程合价、整个工程单井造价和单位造价。采用工程量清单计价方法编制钻井工程施工结算示例见表5–23。

5.4.2　施工单位钻井工程施工结算

5.4.2.1　施工单位钻井工程施工结算需求

施工单位完成合同内钻井工程施工并通过竣工验收后，施工单位编制竣工结算书。所提交的竣工结算书经过建设单位相关管理人员审查签证，送交工程管理部门审查签认，然后由财务部门办理拨付工程价款手续。

5.4.2.2　施工单位钻井工程施工结算编制方法

5.4.2.2.1　施工结算编制依据

施工结算编制依据包括：
(1) 工程竣工报告和工程验收证书。
(2) 工程承包合同。

表 5-23 AAA-1 井钻井工程结算明细

基础数据

序号	项目	主要参数	序号	项目	主要参数
1	建设单位	×××××油田公司	8	井深（m）	4800
2	油气田	×××油田	9	垂直井深（m）	4800
3	区块	×××区块	10	造斜点（m）	
4	目的层	×××组	11	水平位移（m）	
5	井别	探井	12	水平段长（m）	
6	井型	直井	13	压裂段数（段）	
7	井身结构	一开：钻头660.4mm×200m/套管508.0mm×200m 二开：钻头444.5mm×2450m/套管339.7mm×2448m 三开：钻头311.1mm×4500m/套管(244.5mm+250.8mm)×4498m 四开：钻头215.9mm×4800m/套管177.8mm×4778m	14	钻井周期（d）	235
			15	完井周期（d）	
			16	压裂周期（d）	
			17	钻井设备	ZJ70DB
			18	完井设备	
			19	压裂设备	
税前单位造价（元/m）		12789	税前单井造价（万元/口）		6138.49
含税单位造价（元/m）		14139	含税单井造价（万元/口）		6786.71

工程量清单计价

序号	项目编码	项目名称	项目特征	计量单位	工程量	综合单价（元）	税前合价（元）	税率（%）	税金（元）	含税合价（元）	比例（%）
1	G	钻井工程费		口	1		60947890		6456067	67403955	99.32
2	G1	钻前工程费		口	1		1702119		149876	1851995	2.73
3	G101	勘测工程费		口	1		30492		1830	32322	0.05
4	G10101	井位测量费	GPS卫星定位仪测量队	次	1	21800	21800	6	1308	23108	0.03
5	G10102	地质勘查费	Ⅳ类地层，钻探25m	m	25	299	7475	6	449	7924	0.01

— 96 —

续表

序号	项目编码	项目名称	项目特征	计量单位	工程量	综合单价(元)	税前合价(元)	税率(%)	税金(元)	含税合价(元)	比例(%)
6	GI0103	勘测设计费		km	100	12.17	1217	6	73	1290	0.00
7	GI02	道路工程费		口	1		279295		25137	304432	0.45
8	GI0201	新建道路费	砂石铺设	km	2.9	87170	252793	9	22751	275544	0.41
9	GI0202	维修道路费	加宽加固农田机耕道	km	3	8834	26502	9	2385	28887	0.04
10	GI03	井场工程费		口	1		486353		43771	530124	0.78
11	GI0301	井场修建费	土方铺垫	次	1	10559	10559	9	950	11509	0.02
12	GI0302	基础构筑费	混凝土浇筑基础	次	1	110000	110000	9	9900	119900	0.18
13	GI0303	池类构筑费		口	1		65794	9	5921	71715	0.11
14	GI030301	沉砂池构筑费		次	1	28928	28928	9	2603	31531	0.05
15	GI030302	废液池构筑费		次	1	25160	25160	9	2264	27424	0.04
16	GI030303	放喷池构筑费		次	1	6400	6400	9	576	6976	0.01
17	GI030304	垃圾抗构筑费		次	1	1856	1856	9	167	2023	0.00
18	GI030305	圆井（方井）构筑费		次	1	3450	3450	9	311	3761	0.01
19	GI0304	生活区修建费	平整生活区3000m²	次	1	300000	300000	9	27000	327000	0.48
20	GI04	动迁工程费		口	1		202979		18268	221247	0.33
21	GI0401	设备拆安费		次	1	46850	46850	9	4217	51067	0.08
22	GI0402	设备运移费		km	50	993	49650	9	4469	54119	0.08
23	GI0403	钻井队动员费	ZJ70钻机	d	3	35493	106479	9	9583	116062	0.17
24	GI05	供水工程费		口	1		123000		11070	134070	0.20
25	GI0501	场内供水费		次	1	123000	123000	9	11070	134070	0.20
26	GI06	供电工程费		口	1		500000		45000	545000	0.80
27	GI0601	场内供电费		次	1	500000	500000	9	45000	545000	0.80

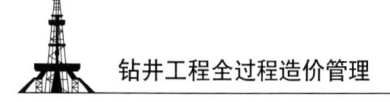

续表

序号	项目编码	项目名称	项目特征	计量单位	工程量	综合单价（元）	税前合价（元）	税率（%）	税金（元）	含税合价（元）	比例（%）
28	G107	其他作业费		口	1		80000	6	4800	84800	0.12
29	G10701	工程拆迁费		次	1	80000	80000	6	4800	84800	0.12
30	G2	钻进工程费		口	1		59245771	9	6306190	65551961	96.59
31	G201	钻井作业费	ZJ70钻机	口	1		38863313	9	4158901	43022214	63.39
32	G20101	钻井施工费		d	235	90600	21291000	9	1916190	23207190	34.20
33	G20102	钻井材料费		口	1		16530078	13	2148910	18678988	27.52
34	G2010201	钻头费		口	1		929943	13	120893	1050836	1.55
35	G2010201B001	660.4mm钻头		只	2	46304	92608	13	12039	104647	0.15
36	G2010201B002	444.5mm钻头		只	3	166538	499614	13	64950	564564	0.83
37	G2010201B003	311.1mm钻头		只	5	53530	267650	13	34795	302445	0.45
38	G2010201B004	215.9mm钻头		只	3	23357	70071	13	9109	79180	0.12
39	G2010202	钻井液材料费		口	1	15531693	15531693	13	2019120	17550813	25.86
40	G2010203	生产用水费		m³	3660	18.7	68442	13	8897	77339	0.11
41	G20103	钻井材料运输费		口	1	1042236	1042236	9	93801	1136037	1.67
42	G202	钻井服务费		口	1		7821440	9	703930	8525370	12.56
43	G20201	管具服务费		d	235	11000	2585000	9	232650	2817650	4.15
44	G20202	井控服务费		d	235	2500	587500	9	52875	640375	0.94
45	G20203	钻井液服务费		d	235	2188	514180	9	46276	560456	0.83
46	G20206	取心服务费		m	8	80000	640000	9	57600	697600	1.03
47	G20207	顶驱服务费		d	235	6616	1554760	9	139928	1694688	2.50
48	G20209	中途测试费		d	2	25000	50000	9	4500	54500	0.08
49	G20210	打捞服务费		d	2	5000	10000	9	900	10900	0.02

5 钻井工程造价管理方法

续表

序号	项目编码	项目名称	项目特征	计量单位	工程量	综合单价（元）	税前合价（元）	税率（%）	税金（元）	含税合价（元）	比例（%）
50	G20211	生活服务费		d	235	8000	1880000	9	169200	2049200	3.02
51	G203	固井作业费					9976987		1262632	11239619	16.56
52	G20301	固井施工费		口	1		81978	9	7378	89356	0.13
53	G2030101	一开固井施工费	508.0mm套管固井	次	1	12240	12240	9	1102	13342	0.02
54	G2030102	二开固井施工费	339.7mm套管固井	次	1	23246	23246	9	2092	25338	0.04
55	G2030103	三开固井施工费	244.5mm+250.8mm套管固井	次	1	23246	23246	9	2092	25338	0.04
56	G2030104	四开固井施工费	177.8mm套管固井	次	1	23246	23246	9	2092	25338	0.04
57	G20302	固井材料费		口	1		9365963		1217575	10583538	15.59
58	G2030201	套管费		口	1		6187680		804398	6992078	10.30
59	G2030201B001	508.0mm套管	壁厚12.7mm，单位重量158.47kg/m	m	200	1100	220000	13	28600	248600	0.37
60	G2030201B002	339.7mm套管	壁厚12.19mm，单位重量101.2kg/m	m	2448	700	1713600	13	222768	1936368	2.85
61	G2030201B003	250.8mm套管	壁厚15.88mm，单位重量94.46kg/m	m	2598	500	1299000	13	168870	1467870	2.16
62	G2030201B004	244.5mm套管	壁厚11.99mm，单位重量69.94kg/m	m	1900	650	1235000	13	160550	1395550	2.06
63	G2030201B005	177.8mm套管	壁厚12.65mm，单位重量52.13kg/m	m	4778	360	1720080	13	223610	1943690	2.86
64	G2030202	套管附件费	339.7mm套管内插法注水泥器	口	1	204966	204966	13	26646	231612	0.34
65	G2030203	固井工具费		套	1	28500	28500	13	3705	32205	0.05
66	G2030204	水泥费	G级水泥	t	615	700	430500	13	55965	486465	0.72
67	G2030205	水泥外加剂费		口	1	2514317	2514317	13	326861	2841178	4.19
68	G20303	固井材料运输费		口	1		197860		17807	215667	0.32
69	G20303B001	套管运输	907t，运输距离200km	t·km	181400	0.65	117910	9	10612	128522	0.19
70	G20303B002	水泥运输	615t，运输距离200km	t·km	123000	0.65	79950	9	7196	87146	0.13
71	G20304	固井服务费		口	1		331186		19871	351057	0.52

— 99 —

续表

序号	项目编码	项目名称	项目特征	计量单位	工程量	综合单价(元)	税前合价(元)	税率(%)	税金(元)	含税合价(元)	比例(%)
72	G2030401	套管检测费		m	11924	3.5	41734	6	2504	44238	0.07
73	G2030402	水泥试验费		次	4	6800	27200	6	1632	28832	0.04
74	G2030403	水泥混拌费		t	615	180	110700	6	6642	117342	0.17
75	G2030404	下套管服务费		m	11924	10	119240	6	7154	126394	0.19
76	G2030405	试压服务费		次	7	4616	32312	6	1939	34251	0.05
77	G204	测井作业费		口	1		472242	6	28335	500577	0.74
78	G2040l	测井施工费		口	1		429311	6	25759	455070	0.67
79	G2040101	一次测井施工费	二开裸眼井测井，5700	次	1		62190	6	3731	65921	0.10
80	G2040101B001	测井深度		深度米	2450	2.977	7293	6	438	7731	0.01
81	G2040101B002	自然电位		计价米	4700	0.89	4183	6	251	4434	0.01
82	G2040101B003	自然伽马		计价米	4700	1.26	5922	6	355	6277	0.01
83	G2040101B004	双感应/球形聚焦		计价米	4700	1.31	6157	6	369	6526	0.01
84	G2040101B005	补偿声波		计价米	4700	1.59	7473	6	448	7921	0.01
85	G2040101B006	地层倾角		计价米	4700	4.47	21009	6	1261	22270	0.03
86	G2040101B007	井底温度		计价米	4700	0.38	1786	6	107	1893	0.00
87	G2040101B008	井径		计价米	4700	0.69	3243	6	195	3438	0.01
88	G2040101B009	井斜		计价米	4700	1.09	5123	6	307	5430	0.01
89	G2040102	二次测井施工费	二开测固井质量，5700	次	1		16841	6	1011	17852	0.03
90	G2040102B001	测井深度		深度米	2450	2.274	5571	6	334	5905	0.01
91	G2040102B002	自然伽马		计价米	4900	1.39	6811	6	409	7220	0.01
92	G2040102B003	磁定位		计价米	4900	0.22	1078	6	65	1143	0.00
93	G2040102B004	声波幅度		计价米	4900	0.16	784	6	47	831	0.00

5 钻井工程造价管理方法

续表

序号	项目编码	项目名称	项目特征	计量单位	工程量	综合单价（元）	税前合价（元）	税率（%）	税金（元）	含税合价（元）	比例（%）
94	G2040102B005	声波变密度		计价米	4900	0.53	2597	6	156	2753	0.00
95	G2040103	三次井施工费	三开裸眼井测井，5700	次	1		89924		5395	95319	0.14
96	G2040103B001	测井深度		深度米	4500	2.977	13397	6	804	14201	0.02
97	G2040103B002	自然电位		计价米	6552	0.89	5831	6	350	6181	0.01
98	G2040103B003	自然伽马		计价米	6552	1.26	8256	6	495	8751	0.01
99	G2040103B004	双感应/微球形聚集		计价米	6552	1.31	8583	6	515	9098	0.01
100	G2040103B005	补偿声波		计价米	6552	1.59	10418	6	625	11043	0.02
101	G2040103B006	地层倾角		计价米	6552	4.47	29287	6	1757	31044	0.05
102	G2040103B007	井底温度		计价米	6552	0.38	2490	6	149	2639	0.00
103	G2040103B008	井径		计价米	6552	0.69	4521	6	271	4792	0.01
104	G2040103B009	井斜		计价米	6552	1.09	7141	6	429	7570	0.01
105	G2040104	四次测井施工费	三开测固井质量，5700	次	1		30933		1856	32789	0.05
106	G2040104B001	测井深度		深度米	4500	2.274	10233	6	614	10847	0.02
107	G2040104B002	自然伽马		计价米	9000	1.39	12510	6	751	13261	0.02
108	G2040104B003	磁定位		计价米	9000	0.22	1980	6	119	2099	0.00
109	G2040104B004	声波幅度		计价米	9000	0.16	1440	6	86	1526	0.00
110	G2040104B005	声波变密度		计价米	9000	0.53	4770	6	286	5056	0.01
111	G2040105	五次测井施工费	四开裸眼井测井，5700	次	1		196428		11786	208214	0.31
112	G2040105B001	测井深度		深度米	4800	2.977	14290	6	857	15147	0.02
113	G2040105B002	自然电位		计价米	5122	0.89	4558	6	274	4832	0.01
114	G2040105B003	自然伽马		计价米	5122	1.26	6454	6	387	6841	0.01
115	G2040105B004	双感应/微球形聚集		计价米	5122	1.31	6710	6	403	7113	0.01

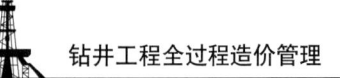

续表

序号	项目编码	项目名称	项目特征	计量单位	工程量	综合单价(元)	税前合价(元)	税率(%)	税金(元)	含税合价(元)	比例(%)
116	G2040105B005	阵列声波		计价米	5122	9.04	46303	6	2778	49081	0.07
117	G2040105B006	地层倾角		计价米	5122	4.47	22895	6	1374	24269	0.04
118	G2040105B007	井底温度		计价米	5122	0.38	1946	6	117	2063	0.00
119	G2040105B008	井径		计价米	5122	0.69	3534	6	212	3746	0.01
120	G2040105B009	高分辨率感应		计价米	5122	10.28	52654	6	3159	55813	0.08
121	G2040105B010	岩性密度		计价米	5122	3.26	16698	6	1002	17700	0.03
122	G2040105B011	补偿中子		计价米	5122	2.52	12908	6	774	13682	0.02
123	G2040105B012	自然伽马能谱		计价米	5122	1.46	7478	6	449	7927	0.01
124	G2040106	六次测井施工费	四开测固井质量,5700	次	1		32995		1980	34975	0.05
125	G2040106B001	测井深度		深度米	4800	2.274	10915	6	655	11570	0.02
126	G2040106B002	自然伽马		计价米	9600	1.39	13344	6	801	14145	0.02
127	G2040106B003	磁定位		计价米	9600	0.22	2112	6	127	2239	0.00
128	G2040106B004	声波幅度		计价米	9600	0.16	1536	6	92	1628	0.00
129	G2040106B005	声波变密度		计价米	9600	0.53	5088	6	305	5393	0.01
130	G20402	资料处理解释费		口	1		42931		2576	45507	0.07
131	G2040201	一次资料处理解释费	按测井施工费10%计算	%	10	62190	6219	6	373	6592	0.01
132	G2040202	二次资料处理解释费	按测井施工费10%计算	%	10	16841	1684	6	101	1785	0.00
133	G2040203	三次资料处理解释费	按测井施工费10%计算	%	10	89924	8992	6	540	9532	0.01
134	G2040204	四次资料处理解释费	按测井施工费10%计算	%	10	30933	3093	6	186	3279	0.00
135	G2040205	五次资料处理解释费	按测井施工费10%计算	%	10	196428	19643	6	1179	20822	0.03
136	G2040206	六次资料处理解释费	按测井施工费10%计算	%	10	32995	3300	6	197	3497	0.01
137	G205	录井作业费		口	1		1255630		75338	1330968	1.96

5 钻井工程造价管理方法

续表

序号	项目编码	项目名称	项目特征	计量单位	工程量	综合单价（元）	税前合价（元）	税率（%）	税金（元）	含税合价（元）	比例（%）
138	G20501	录井施工费		口	1		1052755	6	63165	1115920	1.64
139	G2050101	录井动迁费	200km调迁及运输	次	1	6300	6300	6	378	6678	0.01
140	G2050102	录井现场施工费	综合录井	d	235	4453	1046455	6	62787	1109242	1.63
141	G20502	录井服务费		口	1		202875	6	12173	215048	0.32
142	G2050201	录井信息服务费		d	235	725	170375	6	10223	180598	0.27
143	G2050202	化验分析费	荧光光谱	次	10	750	7500	6	450	7950	0.01
144	G2050203	资料整理分析费		口	1	25000	25000	6	1500	26500	0.04
145	G206	其他作业费		口	1		856159	9	77055	933214	1.38
146	G20601	环保处理费		口	1		836159	9	75255	911414	1.34
147	G2060101	废弃物拉运费	拉运距离50km	t·km	30080	0.65	19552	9	1760	21312	0.03
148	G2060102	废弃物处理费		口	1		816607	9	73495	890102	1.31
149	G2060102B001	废弃物收集		m³	2360	22.02	51967	9	4677	56644	0.08
150	G2060102B002	废弃物处理	普通水基钻井液，板框压滤	m³	2360	324	764640	9	68818	833458	1.23
151	G20602	地貌恢复费		次	1	20000	20000	9	1800	21800	0.03
152	Q	工程建设其他费					437000	6	26120	463120	0.68
153	Q1	建设管理费					437000	6	26120	463120	0.68
154	Q103	总承包管理费	根据总承包合同第11.8条款	口	1	300000	300000	6	18000	318000	0.47
155	Q104	工程奖励与处罚					137000		8120	145120	0.21
156	Q10401	工程奖励	根据HSE合同第11.2条款钻井周期奖励	d	5	30000	150000	6	9000	159000	0.23
157	Q10402	工程处罚					-13000		-880	-13880	-0.02
158	Q10402B001	违章处罚	根据HSE合同第11.2条款一般违章处罚	次	3	-1000	-3000	6	-180	-3180	0.00
159	Q10402B002	违章处罚	根据HSE合同第11.2条款严重违章处罚	次	2	-5000	-10000	7	-700	-10700	-0.02

— 103 —

(3) 设计变更通知单和工程变更签证。

(4) 预算定额、工程量清单、材料价格、费用标准等资料。

(5) 预算书或报价单。

(6) 其他有关资料及现场记录等。

5.4.2.2.2　施工结算编制内容

(1) 核实工程量。对原工程预算中的工程量或招标中使用的工程量清单进行复核，防止错算、重算和漏算，从中找出工程量的量差，即与实际发生工程量不符而产生的工程量的差异。这是编制竣工结算的主要工作内容。量差主要是由设计变更或设计漏项、现场施工变更等原因造成的。

(2) 材料价差调整。材料价差指材料的预算价格（报价）和实际价格的差额。由建设单位供应的材料按预算价格转给施工单位的，在工程结算时不做调整，其材料价差由建设单位单独核算，在编制竣工决算时摊入工程成本。施工单位的材料价差必须根据合同中的约定进行调整，应按油田或当地造价管理部门规定的材料品种及当时公布的市场信息价格与材料预算价格找差。

(3) 费用调整。若工程量变化超过合同规定的限度，应进行相关单项工程或分部分项工程费用调整。

采用工程量清单计价方法编制钻井工程施工结算示例见表 5-23。

5.4.3　建设单位钻井工程造价管控重点

施工阶段是实现钻井工程价值的主要阶段，也是资金投入量最大的阶段。钻井工程造价管理的工作内容包括组织、经济、技术、合同等多个方面，每个方面涉及内容很多。建设单位需要编制工程资金使用计划，确定和分解工程造价控制目标；进行风险分析，制订防范性对策；进行工程计量；复核工程付款账单，签发付款证书；施工过程跟踪控制，定期比较实际支出和计划目标，发现偏差及时分析原因，采取纠偏措施；协商确定工程变更价款；审查完工结算。

下面从编制资金使用计划、注意计价标准使用条件、准确确定工程量、加强工程变更管理、加强工程索赔管理、动态监控工程投资等 6 个方面进行说明。

5.4.3.1　编制资金使用计划

编制资金使用计划在整个工程建设管理中处于重要而独特的地位，它对工程造价的重要影响表现在以下几个方面：一是建设单位通过科学的编制资金使用计划，可以合理确定工程造价的总目标值和各阶段目标值，使工程造价控制有据可依。二是编制资金使用计划，可以对未来工程项目的资金使用和进度控制进行预测，为资金筹集与协调打下基础，可消除不必要的资金浪费和进度失控；三是通过严格执行资金使用计划，可以及时比较实际支出额与目标值的偏差，找出偏差原因并及时采取纠正措施，有效控制工程造价上升，最大限度节约投资，提高投资效益。

常见的资金使用计划编制方法有 3 种：一是按工程造价构成编制资金使用计划，二是按工程项目组成编制资金使用计划，三是按工程进度编制资金使用计划。

(1) 按工程造价构成编制资金使用计划。施工阶段钻井工程造价包括钻井工程费、工程建设其他费，按工程造价构成编制资金使用计划也分为钻井工程费使用计划、工程建设其他费使用计划。

(2) 按工程项目组成编制资金使用计划。钻井工程项目分为钻前工程、钻进工程、完井工程 3 个单项工程，每个单项工程下面又包括若干个单位工程。一是需要对工程项目进行合理划分，划分的粗细程度根据实际需要而定，一般分解到各单项工程和单位工程；二是编制各单项工程和单位工程资金支出计划；三是编制详细的钻井工程资金使用计划表。

(3) 按工程进度编制资金使用计划。一是确定工程项目进度计划，编制进度计划横道图；二是根据单位时间内完成的实物工程量或投入的人力、物力、财力计算单位时间（月或旬）的投资，在时标网络图上按时间编制资金使用计划；三是计算规定时间计划累计完成的投资额；四是按各规定时间的计划累计完成投资额，编制投资计划值曲线。

5.4.3.2　注意计价标准使用条件

不同的钻井工程施工队伍的计价方法和取费标准有很大差别，即使对于同一施工队伍，其不同施工状态的取费标准也是不同的。各种队伍施工综合单价、材料价格、运输价格等计价标准的使用是有一定前提条件的。如塔里木油田钻井日费有 10 种之多，每一种都有其适用条件和范围，说明如下：

(1) 钻进日费。钻井队从开钻到完钻过程中钻进进尺和按设计及监督指令进行地层钻进取心的时间，包括起下钻、接单根、钻进过程中阶段钻井液循环、换钻头（含取心钻头和工具）、钻水泥塞等正常作业的时间，按钻进日费付费。将钻进费率作为 1，以下各类不同时效付费系数均与钻进日费比较确定。

(2) 钻前日费。钻井队提前上井，进行设备安装、质量验收、试车、配钻井液、打鼠洞等其他开钻前准备工作的时间，按钻前日费付费。钻前日费付费定额为 5d，付费系数为 0.50。

(3) 固井日费。电测完后测井队交还钻井队井口起，至注完水泥拆完水泥头止的时间为固井时间，按固井日费付费。固井时间包括下套管前划眼、下套管、注水泥前的钻井液循环、装拆水泥头、注水泥等工序时间。探水泥面、尾管回接也属于固井时间。付费系数为 0.83。

(4) 测井日费。按设计钻完预定井深，钻井队将井口交给测井队时起，至电测完将井口交还钻井队止的时间为测井时间，按测井日费付费。垂直地震测井时间也计为测井时间。付费系数为 0.75。

(5) 中途测试日费。钻井队按设计或监督指令下入封隔器或桥塞，从坐封开始至解封起钻止为中途测试时间，按中途测试日费付费。付费系数为 0.80。

(6) 完井日费。钻井队钻完设计井深，完井电测完成后或下尾管注完水泥起，至从井架上甩完最后一根钻杆止为完井时间，按完井日费付费。完井电测或下尾管注完水泥后，进行原钻机试油，即按原钻机试油时间和日费计算。试油完毕后拆井口、甩钻杆等工作，仍计作完井时间，按完井日费付费。付费系数为 0.80。

（7）原钻机试油日费。从完井电测后或下尾管注完水泥起至整个试油工作完成，起出最后一个试油工具，装上采油树或封住井口止为原钻机试油时间，按原钻机试油的时效费用标准付费。

（8）辅助生产日费。辅助生产时间指钻井时效中已所列各类项目以外的各种辅助生产时间，包括每钻机月中设备修理定额时间（累计48h）、固井候凝、拆装防喷器、配制处理钻井液及堵漏等时间，按辅助生产日费付费。付费系数为0.75。

（9）停工日费。由于甲方或乙方（钻井队）责任造成井上停工的时间，如组织停工等材料、等处理事故措施、超过设备修理时间定额以外的修理时间，因设备损坏而更换设备的时间等，分清甲方或乙方（钻井队）责任，分别按停工日费中的甲方责任费率或乙方（钻井队）责任费率付费。甲方责任停工费率为0.68，乙方责任停工费率为0.39。

（10）事故处理日费。由于甲方或乙方（钻井队）责任造成井下事故，如卡钻、顿钻、井下落物、井斜超过规定等，在处理时间中，分清甲方或乙方（钻井队）责任，分别按事故处理日费中甲方责任费率和乙方（钻井队）责任费率付费。甲方责任事故处理费率为0.91，乙方责任事故处理费率为0.75。

5.4.3.3 准确确定工程量

准确签认钻井工程施工工程量是控制钻井工程造价的一个核心环节。

施工工程量和工作量是有所区别的。工程量指完成一口井钻井工程必需的消耗，概括为人工、设备、材料3个方面，分为有形工程量消耗和无形工程量消耗；有形工程量有设备消耗材料、化工材料等，无形工程量有人工工时、设备台时等。工作量指完成一口井钻井工程实际发生的消耗，一般是钻井公司和技术服务公司在一口井上实际消耗人工、设备、材料和成本。二者主要区别：一是工程量是对于建设单位而言，工作量是对于施工单位而言；二是工程量有时不等于工作量。

工程量是建设单位计算工程造价的基础，必须严格执行设计，认真核实和控制。表5-24举例说明了工程量和工作量的区别。

表5-24 工程量和工作量举例

序号	项目	工程量	工作量	监督签认工程量
1	井场修建	修1个井场，合同价25万元	钻前工程队实际修建该井场花费的成本18.8万元	修建1个井场，工程造价25万元
2	钻进工时	618h	实际施工624h（其中修理工时超出合同规定6h）	618h
3	罐车送水	120车次	125车次（半路车坏5次，未送到井）	120车次

5.4.3.4 加强工程变更管理

（1）工程变更概念。工程变更是指施工合同履行过程中出现与签订合同时的预计条件不一致的情况，而需要改变原定施工范围的某些工作内容。工程变更主要包括工程量变更、工程项目变更、进度计划变更、施工条件变更。

（2）工程变更确认。由于工程变更会带来工程造价的变化，为了有效控制工程造价，无论任何一方提出工程变更，均需要现场工程师或监督确认，并签发工程变更指令。工程变更的确认一般需要通过以下步骤来实现：一是提出工程变更；二是分析提出的工程变更对工程项目目标的影响；三是分析有关合同条款和会议、通信记录；四是向建设单位提出变更评估报告，初步确定处理工程变更所需要的费用、时间和质量要求；五是确认工程变更。

（3）工程变更价款的确定方法。一是根据有关规定和标准；二是工程量清单计价工程综合单价确定方法；三是协商单价和价格。

5.4.3.5 加强工程索赔管理

（1）工程索赔概念。工程索赔是在施工合同履行过程中，当事人一方由于另一方未履行合同所规定的义务或者出现了应当由对方承担的风险而遭受损失时，向另一方提出赔偿要求的行为。索赔是双向的，既包括施工单位向建设单位的索赔，也包括建设单位向施工单位的索赔。但在实践中，建设单位索赔数量较小，而且可以通过冲账、扣拨工程款、扣保证金等方式实现对施工单位的索赔。通常情况下，索赔是指施工单位在合同实施过程中，对非自身原因造成的工程延期、费用增加而要求建设单位给予补偿损失的一种权利要求。

（2）工程索赔原因及特点。工程索赔产生的原因是由于发生了施工过程中有关方面不能控制的干扰事件。这些干扰事件影响合同的正常履行，造成了工期延长、费用增加，主要有建设单位（或工程师）违约、合同缺陷、合同变更、工程环境变化、不可抗力或不利的物质条件。工程索赔的特点主要表现为索赔没有统一标准，但有若干影响因素；不"索"则不"赔"；成功的索赔基于国家法规和合同；索赔以利益为原则。

（3）工程索赔分类。工程索赔按不同的划分标准，可分为不同类型。按索赔目的分为工期索赔、费用索赔；按合同依据分为合同中明示的索赔和合同中默示的索赔；按合同类型分为总承包合同索赔、分包合同索赔、合伙合同索赔、供应合同索赔、劳务合同索赔等；按处理方式分为单项索赔、总索赔；按索赔事件性质分为工程延期索赔、工程变更索赔、合同被迫停止索赔、工程加速索赔、意外风险和不可预见因素索赔和其他索赔。

（4）工程索赔依据。施工单位提出工程索赔和处理索赔主要依据下列文件或凭证：工程施工合同；国家和地方政府有关法律法规；国家、部门和地方有关的标准、规范和定额；工程施工合同履行过程中与索赔事件有关的各种凭证。

（5）工程索赔条件。施工单位工程索赔成立的基本条件：索赔事件已经造成施工单位直接经济损失或工期延误；造成费用增加或工期延误的索赔事件非因施工单位的原因发生；施工单位已经按照工程施工合同规定的期限和程序提交了索赔意向通知、索赔报告及相关证明材料。

（6）工程索赔解决方式。合同双方通过谈判，可请人调解或通过仲裁、诉讼，最终解决索赔事件。

5.4.3.6 动态监控工程投资

在工程施工阶段，建设单位需要进行实际投资与计划投资动态比较，分析投资偏差产生的原因，并采取有效措施将投资偏差控制在一个合理的范围内。

投资偏差指投资的实际值与计划值之间的差额，即：

投资偏差 = 已完工程实际投资 – 已完工程计划投资；

已完工程实际投资 = Σ已完工程量（实际工程量）× 实际单价；

已完工程计划投资 = Σ已完工程量（实际工程量）× 计划单价。投资偏差为正，表示投资超支；投资偏差为负，表示投资节约。

投资偏差参数分为局部偏差、累计偏差和绝对偏差、相对偏差以及偏差程度等。局部偏差：一是指各单项工程、单位工程及分部分项工程的投资偏差；二是对于整个项目中每一控制周期所发生的投资偏差。累计偏差：是一个动态概念，第一个累计偏差在数值上等于局部偏差，最终的累计偏差就是整个项目的投资偏差。绝对偏差指投资实际值与计划值比较所得到的差额。

相对偏差 = 绝对偏差/投资计划值 =（投资实际值 – 投资计划值）/投资计划值。

投资偏差程度 = 投资实际值/投资计划值。

投资偏差分析方法主要有横道图法、曲线法、表格法。横道图法是用不同的横道标识已完工程计划投资、拟完工程计划投资和已完工程实际投资，横道的长度与其金额成正比例。曲线法是用投资累计曲线（S形曲线）来进行投资偏差分析。表格法是将项目编号、名称、各投资参数及投资偏差数等综合归纳入一张表格中，并且直接在表格中进行比较。

投资偏差原因分析有物价上涨、设计原因、建设单位原因、施工单位原因、客观原因等方面。物价上涨分为人工涨价、材料涨价、设备涨价、利率和汇率变化等；设计原因分为设计错误、设计漏项、设计标准变化等；建设单位原因分为增加内容、投资规划不当、组织不落实、协调不佳、未及时提供场地等；施工单位原因分为施工方案不当、材料代用、施工质量有问题、赶进度、工期拖延等；客观原因分为自然因素、社会原因、法规变化等。

投资偏差分析要进行纠偏，纠偏的主要对象是建设单位原因和设计原因造成的投资偏差。（1）在组织措施方面：从投资控制的组织管理方面采取措施，落实投资控制的组织机构和人员；明确各级投资控制人员的任务、职能分工、权利和责任；改善投资控制工作流程等。（2）在经济措施方面：主要是审核工程量和签发支付证书。在技术措施方面：主要是对工程方案进行技术经济比较。（3）在合同措施方面：主要是索赔管理。

5.4.4 施工单位钻井工程造价管控重点

施工单位负责整个钻井工程施工，由于施工组织设计、工程变更、索赔、工程计量方式的差别以及工程实施过程中各种不可预见因素的存在，使得施工阶段造价管理最为重要而且难度最大。需要落实钻井工程管理的人员、任务、职能分工，编制工作计划和详细的工作流程图，科学严密组织生产，提高工程施工质量，有效缩短工期，挖掘节约工程造价潜力，实现实际发生的费用不超过合同价格。需要全面加强钻井施工成本管理，包括成本预测、成本计划、成本控制、成本核算、成本分析、成本考核。

5.4.4.1 成本预测

成本预测是施工单位有关人员凭借历史数据和工程经验，运用一定方法对工程项目未来的成本水平及其可能的发展趋势做出科学估计。成本预测是成本计划的依据。

成本预测方法可分为定性预测和定量预测两大类。定性预测是指工程管理人员根据专业知识和实践经验，通过调查研究，利用已有资料，对成本的发展趋势及可能达到的水平进行分析和推断，在资料不多、难以进行定量预测时最为适用，常用的定性预测方法有座谈会法、函询调查法。定量预测是利用历史成本统计资料以及成本与影响因素之间的数量关系，通过建立数学模型来推测、计算未来成本的可能结果，常用的定量预测方法有加权平均法、回归分析法等。

5.4.4.2 成本计划

成本计划是在成本预测基础上，施工单位对计划期内工程项目成本水平所做的筹划。成本计划是以货币形式表现的工程项目在计划期内的生产费用、成本水平以及为降低成本采取的主要措施和规划的具体方案，是建立工程项目成本管理责任制、开展成本控制和核算的基础，是进行成本控制的主要依据。

成本计划一般由直接成本计划和间接成本计划组成。成本计划编制方法主要有目标利润法、技术进步法、按实计算法、定率估算法（历史资料法）。

5.4.4.3 成本控制

成本控制是指在工程项目实施过程中，对影响工程项目成本的人力、物力和各项费用开支等要素采取一定措施进行监督、调节和控制，及时预防、发现和纠正偏差，保证工程项目成本目标的实现。成本控制是工程项目成本管理的核心内容，也是工程项目成本管理中不确定因素最多、最复杂、最基础的管理内容。

成本控制包括计划预控、过程控制和纠偏控制3个重要环节。成本控制方法包括成本分析表法、工期—成本同步分析法、净值分析法、价值工程方法等。

5.4.4.4 成本核算

成本核算是施工单位利用会计核算体系，对工程项目施工过程中所发生的各项费用进行归集，统计其实际发生额，并计算工程项目总成本和单位成本的管理工作。成本核算是施工单位成本管理最基础的工作，成本核算所提供的各种信息是成本预测、成本计划、成本控制和成本考核的依据。

钻井工程成本核算对象根据管理工作要求可能有多个，有以项目经理部为基本核算对象的，有以单井为基本核算对象的，有以单个施工队伍为基本核算对象的。常用的成本核算方法有表格核算法、会计核算法等。进行成本核算时，能够直接计入有关成本核算对象的，直接计入；不能直接计入的，采用一定的分配方法分配计入各成本核算对象，然后计算出钻井工程项目的实际成本。

5.4.4.5 成本分析

成本分析是揭示工程项目成本变化情况及其变化原因的过程。成本分析为成本考核提供依据，也为未来的成本预测与成本计划编制指明方向。

成本分析基本方法包括比较法（指标对比分析法）、因素分析法（连环置换法）、差额计算法、比率法（相关比率法、构成比率法、动态比率法）等。综合成本分析包括分部分项工程成本分析、单位工程成本分析、工程竣工成本综合分析和月（季）度成本分析、年度成本分析等。

5.4.4.6 成本考核

成本考核是在工程项目建设过程中或完成后，定期对工程项目形成过程中的各级单位成本管理的成绩或失误进行总结与评价，给予责任者相应的奖励或惩罚。施工单位应建立和健全工程项目成本考核制度，对考核的目的、时间、范围、对象、方式、依据、指标、组织领导以及结论与奖惩原则等做出明确规定。

成本考核包括施工单位对工程项目成本的考核和对项目经理部可控责任成本的考核。施工单位对工程项目成本的考核包括对工程施工成本目标（降低额）完成情况的考核和成本管理工作业绩的考核。施工单位对项目经理部可控责任成本的考核内容包括：工程项目成本目标和阶段成本目标完成情况，以项目经理为核心的成本管理责任制落实情况，成本计划编制和落实情况，对各部门、各施工队伍和班组责任成本检查和考核情况，在成本管理中贯彻责权利相结合执行情况。此外，为层层落实项目成本管理工作，项目经理部对所属各部门、各施工队伍和班组也要进行成本考核。

5.5 竣工阶段钻井工程造价管理方法

5.5.1 建设单位钻井工程竣工决算

5.5.1.1 建设单位钻井工程竣工决算需求

项目竣工决算是指所有项目竣工后，项目建设单位按照国家有关规定在项目竣工验收阶段编制的竣工决算报告。竣工决算是以实物数量和货币指标为计量单位，综合反映竣工项目从筹建开始到项目竣工交付使用为止的全部建设费用、建设成果和财务情况的总结性文件，是竣工验收报告的重要组成部分。竣工决算是正确核定新增固定资产价值、考核分析投资效果、建立健全经济责任制的依据，是反映建设项目实际造价和投资效果的文件。竣工决算是建设工程经济效益的全面反映，是项目法人核定各类新增资产价值、办理其交付使用的依据。竣工决算是工程造价管理的重要组成部分，做好竣工决算是全面完成工程造价管理目标的关键性因素之一。

竣工阶段建设单位钻井工程造价管理主要工作是竣工结算和竣工决算。钻井工程完成后，由建设单位按照钻井地质设计、钻井工程设计、相关技术标准和规范以及工程合同等依据，通过一定程序和手段进行验收，验收合格后，进行交井，办理竣工结算。建设单位的财务等部门进行竣工决算，形成油气资产。

5.5.1.2 建设单位钻井工程竣工决算编制方法

根据有关规定，竣工决算是由竣工财务决算说明书、竣工财务决算报表、工程竣工图和工程竣工造价对比分析4部分组成。其中竣工财务决算说明书和竣工财务决算报表两部分又称建设项目竣工财务决算，是竣工决算的核心内容。

钻井工程竣工决算按区块分井型以单井为核算对象，由财务部门编制竣工决算报告。钻井工程竣工决算具体分为地质勘探支出和油气开发支出两大类。

（1）地质勘探支出。探井、评价井工程结算费用直接按区块分单井计入地质勘探支出。建设单位发生的"管理费用"和其他无法直接计入单井工程的支出，以本单位地质勘探支出当期发生额为基数，分月按比例分配计入单井工程支出。财务部门按季度依据各单位地质勘探支出余额计算资本化利息，各单位再将应负担的资本化利息分配计入单井或单项工程。

（2）油气开发支出。开发井工程结算费用按区块分单井计入油气开发支出。发生的用地费用、工程设计费用，能分清单井或单项工程的应直接计入油气开发支出中的单井或单项工程支出，不能分清的应按投资比例分摊计入单井或单项工程支出。建设主管单位发生的"管理费用"和其他无法直接计入单井或单项工程的支出，应以本单位油气开发支出当期发生额为基数，分月按比例分配计入单井或单项工程支出。财务部门按季度依据各单位油气开发支出余额计算资本化利息，各单位再将应负担的资本化利息分配计入单井或单项工程。

某一年度某油气田公司YYQH8平台的YYQH8-1井、YYQH8-2井、YYQH8-3井、YYQH8-4井、YYQH8-5井、YYQH8-6井等6口井钻井工程已完成竣工决算，YYQH8平台钻井工程项目决算示例见表5-25，其中单井钻井工程决算明细示例见表5-26。

5.5.2 建设单位钻井工程造价管控重点

5.5.2.1 工程计量

工程计量就是根据合同约定，甲乙双方对施工单位完成合同工程的数量进行计算和确认。具体讲，就是甲乙双方根据钻井地质设计、钻井工程设计、相关技术规范以及施工合同约定的计量方式和计算方法，对施工单位已经完成的质量合格的工程实体数量进行测量与计算，并以物理计量单位或自然计量单位进行表示、确认的过程。

招标工程量清单中所列的数量，通常是根据钻井地质设计和钻井工程设计计算的数量，是对合同的估计工程量。钻井工程施工过程中，通常会由于一些原因导致实际完成工程量与工程量清单中所列工程量不一致，如招标工程量清单缺项、漏项和工程变更等。因此，在工程竣工结算前，必须对施工单位履行合同义务所完成的实际工程量进行准确的计量。

5.5.2.1.1 工程计量原则

（1）不符合合同文件要求的工程不予计量。所完成的工程必须满足工程设计、技术规范等合同文件对其在工程质量上的要求，同时有关工程质量验收资料齐全、手续完备，满足合同文件对其在工程管理上的要求。

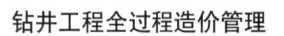

表5-25 YYQH8平台钻井工程项目决算

序号	井号	井别	井型	井身结构	井深(m)	钻井周期(d)	完井周期(d)	总井数(口)	总进尺(m)	税前 单位造价(元/m)	税前 单井造价(万元)	税前 总造价(万元)	含税 单位造价(元/m)	含税 单井造价(万元)	含税 总造价(万元)	备注
	合计					427	86	6	26341	7190.20	3156.62	18939.71	7909.18	3472.26	20833.57	
1	YYQH8-1	开发井	水平井	四开	4568	85	12	1	4568	7280.58	3325.77	3325.77	8008.60	3658.33	3658.33	
2	YYQH8-2	开发井	水平井	四开	4526	86	11	1	4526	7279.15	3294.54	3294.54	8007.02	3623.98	3623.98	
3	YYQH8-3	开发井	水平井	四开	4300	58	15	1	4300	7262.30	3122.79	3122.79	7988.49	3435.05	3435.05	
4	YYQH8-4	开发井	水平井	四开	4192	56	16	1	4192	7076.93	2966.65	2966.65	7784.58	3263.30	3263.30	
5	YYQH8-5	开发井	水平井	四开	4599	68	18	1	4599	7299.41	3357.00	3357.00	8029.31	3692.68	3692.68	
6	YYQH8-6	开发井	水平井	四开	4156	74	14	1	4156	6912.81	2872.96	2872.96	7604.05	3160.25	3160.25	

表5-26 YYQH8-3井钻井工程决算明细

基础数据

序号	项目	主要参数
1	建设单位	××××××公司
2	油气田	×××气田
3	区块	×××区块
4	目的层	×××组
5	井别	开发井
6	井型	水平井
7		
序号	项目	主要参数
8	井深(m)	4300
9	垂直井深(m)	2400
10	造斜点(m)	1800
11	水平位移(m)	2050
12	水平段长(m)	1650
13	压裂段数(段)	21

— 112 —

续表

序号	项目	主要参数	序号	项目	主要参数
7	井身结构	一开：钻头 660.4mm×48m/套管 508.0mm×48m 二开：钻头 444.5mm×298m/套管 339.7mm×295m 三开：钻头 311.1mm×1302m/套管 244.5mm×1298m 四开：钻头 215.9mm×4300m/套管 139.7mm×4295m	14	钻井周期（d）	58
			15	完井周期（d）	15
			16	压裂周期（d）	25
			17	钻井设备类型	ZJ50DB
			18	完井设备类型	XJ550
			19	压裂设备	压裂车组
税前单位造价（元/m）		7262	税前单井造价（万元/口）		3122.79
含税单位造价（元/m）		7988	含税单井造价（万元/口）		3435.05

工程量清单计价

序号	项目编码	项目名称	项目特征	计量单位	工程量	综合单价（元）	税前合价（元）	税率（%）	税金（元）	含税合价（元）	比例（%）
1	G	钻井工程费		口	1		28572906		2853348	31426254	91.49
2	G1	钻前工程费		口	1		1341119	6	117386	1458505	4.25
3	G101	勘测工程费		口	1		30492	6	1830	32322	0.09
4	G102	道路工程费		口	1		218295	9	19647	237942	0.69
5	G103	井场工程费		口	1		186353	9	16772	203125	0.59
6	G104	动迁工程费		口	1		202979	9	18268	221247	0.64
7	G105	供水工程费		口	1		123000	9	11070	134070	0.39
8	G106	供电工程费		口	1		500000	9	45000	545000	1.59
9	G107	其他工程费		口	1		80000	6	4800	84800	0.25
10	G2	钻进工程费		口	1		19471319		1994010	21465329	62.49
11	G201	钻井作业费		口	1		8353772		857049	9210821	26.81

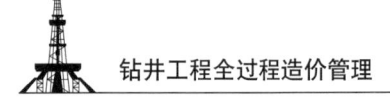

续表

序号	项目编码	项目名称	项目特征	计量单位	工程量	综合单价（元）	税前合价（元）	税率（%）	税金（元）	含税合价（元）	比例（%）
12	G20101	钻井施工费		口	1		5174992	9	465749	5640741	16.42
13	G20102	钻井材料费		口	1		2630235	13	341931	2972166	8.65
14	G20103	钻井材料运输费		口	1		548545	9	49369	597914	1.74
15	G202	钻井服务费		口	1		5016728	9	451506	5468234	15.92
16	G203	固井作业费		口	1		4449637		558606	5008243	14.58
17	G20301	固井施工费		口	1		81978	9	7378	89356	0.26
18	G20302	固井材料费		口	1		4037258	13	524844	4562102	13.28
19	G20303	固井材料运输费		口	1		218675	9	19681	238356	0.69
20	G20304	固井服务费		口	1		111726	6	6704	118430	0.34
21	G204	测井作业费		口	1		386097	6	23166	409263	1.19
22	G205	录井作业费		口	1		339124	6	20347	359471	1.05
23	G206	其他作业费		口	1		925961	9	83336	1009297	2.94
24	G3	完井工程费		口	1		7760468		741952	8502420	24.75
25	G301	完井准备费		口	1		132650	9	11939	144589	0.42
26	G302	完井作业费		口	1		1032458	9	120506	1152964	3.36
27	G30201	完井施工费		口	1		225000	9	20250	245250	0.71
28	G30202	完井材料费		口	1		689612	13	89650	779262	2.27
29	G30203	完井材料运输费		口	1		44070	9	3966	48036	0.14
30	G30204	完井服务费		口	1		73776	9	6640	80416	0.23
31	G305	射孔作业费		口	1		2465804	9	221922	2687726	7.82
32	G306	测试作业费		口	1		81268	6	4876	86144	0.25
33	G307	压裂作业费		口	1		4037213		381713	4418926	12.86

续表

序号	项目编码	项目名称	项目特征	计量单位	工程量	综合单价(元)	税前合价(元)	税率(%)	税金(元)	含税合价(元)	比例(%)
34	G30701	压前配液费		口	1		15000	9	1350	16350	0.05
35	G30702	压裂施工费		口	1		3563128	9	320682	3883810	11.31
36	G30703	压裂材料费		口	1		459085	13	59681	518766	1.51
37	G309	其他作业费		口	1		11075	9	997	12072	0.04
38	Q	工程建设其他费		口	1		1900750		193845	2094595	6.10
39	Q1	建设管理费		口	1		275750		16545	292295	0.85
40	Q101	建设单位管理费		口	1		150000	6	9000	159000	0.46
41	Q102	钻井工程监督费		口	1		21750	6	1305	23055	0.07
42	Q103	总承包管理费		口	1		50000	6	3000	53000	0.15
43	Q104	工程奖励与处罚		口	1		54000	6	3240	57240	0.17
44	Q2	工程设计费		口	1		445000		26700	471700	1.37
45	Q201	钻井设计费		口	1		400000	6	24000	424000	1.23
46	Q202	完井设计费		口	1		45000	6	2700	47700	0.14
47	Q3	用地费		口	1		1140000		148200	1288200	3.75
48	Q301	临时用地费		口	1		180000	13	23400	203400	0.59
49	Q302	长期用地费		口	1		960000	13	124800	1084800	3.16
50	Q4	环保管理费		口	1		40000		2400	42400	0.12
51	Q401	环境影响评价费		口	1		25000	6	1500	26500	0.08
52	Q402	环保监测费		口	1		15000	6	900	15900	0.05
53	D	贷款利息		口	1		754223			829641	2.42

（2）按合同文件规定的方法、范围、内容和单位计量。工程计量的方法、范围、内容和单位受合同文件约束，其中工程量清单及说明、技术规范、合同条款均会从不同角度、不同侧面涉及这些方面的内容。在工程计量中要严格遵循这些规定，并且一定要结合起来使用。

（3）因施工单位原因造成的超出合同工程范围施工或返工的工程量不予计量。

5.5.2.1.2 工程计量范围与依据

（1）工程计量范围包括工程量清单及工程变更所修订的工程量清单的内容、合同文件中规定的各种费用支付项目，如费用索赔、各种预付款、价格调整、违约金等。

（2）工程计量依据包括工程设计、工程量清单及说明、工程变更导致修订的工程量清单、合同条件、技术规范、有关计量的补充协议、质量合格证书等。

5.5.2.2 合同价格调整

在钻井工程竣工阶段，由于工程实际情况发生变化，甲乙双方在工程施工合同中约定的合同价格可能会出现变动。为合理分配双方的合同价格变动风险，有效控制工程造价，双方应当在工程施工合同中明确约定合同价格的调整事件、调整方法及调整程序。

涉及合同价格调整的因素大致可以分为5大类：法律法规、工程变更、物价变化、工程索赔、其他事项。

5.5.2.2.1 法律法规引起合同价格调整

因国家法律、法规、规章和政策发生变化影响合同价格的风险，双方应在合同中约定。

（1）基准日确定。为了合理划分甲乙双方的合同风险，施工合同中应当约定一个基准日。对于基准日之后发生的、作为一个有经验的施工单位在招标投标阶段不可能合理预见的风险，应当由建设单位承担。

（2）合同价格调整方法。施工合同履行期间，国家颁布的法律、法规、规章和有关政策在合同工程基准日之后发生变化，且因执行相应的法律、法规、规章和政策引起工程造价发生增减变化的，合同双方应当依据法律、法规、规章和有关政策的规定调整合同价格。但是，如果有关价格（如人工、材料和工程设备等价格）的变化已经包含在物价波动事件的调价公式中，则不再予以考虑。

5.5.2.2.2 工程变更引起合同价格调整

工程变更可以理解为钻井工程实施过程中由建设单位提出或由施工单位提出经建设单位批准的工程任何改变。合同价格调整方法分为以下4种情况：

（1）分部分项工程项目发生变化。已标价工程量清单中有适用变更工程项目的，且工程变更导致该清单项目的工程数量变化不足10%时，采用该综合单价；已标价工程量清单中没有适用、但有类似于变更工程项目的，可在合理范围内参考类似项目的综合单价调整；已标价工程量清单中没有适用、也没有类似于变更工程项目的，由施工单位根据变更工程资料、计量规则和计价办法、工程造价管理机构发布的参考信息，施工单位提出变更工程项目的报价，经建设单位确认后调整。

（2）项目特征描述不符。项目特征描述是确定综合单价的重要依据之一，施工单位在投标报价时依据招标工程量清单中项目特征确定其清单项目综合单价。若在合同履行期间出现设计变更等原因引起清单中某个项目的特征描述不符，且该变化引起该项目的工程造价发生变化，双方应当按照实际施工的项目特征，重新确定相应工程量清单项目的综合单价，调整合同价款。

（3）招标工程量清单漏项。招标工程量清单漏项责任由建设单位负责，施工单位不应承担因工程量清单的缺项、漏项和计算错误带来的风险与损失。因此，施工合同履行期间，由于招标工程量清单中分部分项工程出现缺项、漏项，应当按照上述分部分项工程项目发生变化的调整方法调整合同价格。

（4）工程量偏差。工程量偏差指实际完成工程项目的工程量与相应的招标工程量清单项目列出的工程量之间出现的偏差。对于施工合同履行期间发生的工程量偏差，且该偏差对工程量清单项目的综合单价产生影响，是否调整综合单价和如何调整，通常双方应当在合同中进行约定。若合同中没有约定或约定不明确时，综合单价调整原则如下：当工程量增加10%以上时，其增加部分的工程量的综合单价应予以调低；当工程量减少10%以上时，其减少后剩余部分的工程量的综合单价应予以调高。具体调整方法由双方商定。

5.5.2.2.3　物价变化引起合同价格调整

工程施工合同履行期间，因人工、设备、材料等价格波动影响合同价格时，双方可以根据合同约定的调整方法，对合同价格进行调整。施工单位负责采用的材料、工具和工程设备，应在合同中约定主要材料、工具、设备价格变化范围或幅度。如果没有约定，则主要材料、工具、设备价格变化幅度控制在5%以内，超过5%部分的价格应进行调整。

调整方法可以按照实际价格与合同价格的差额进行调整，也可以采用造价管理部门发布的造价指数按比例进行调整。

5.5.2.2.4　工程索赔引起合同价格调整

工程索赔指在工程合同履行过程中，合同一方当事人因对方不履行或未能正确履行合同义务或者由于其他非自身原因而遭受经济损失和权利损害，通过合同约定的程序向对方提出经济和时间补偿要求的行为。

（1）费用索赔计算。费用索赔的组成与工程造价的构成基本一致。费用索赔计算应以赔偿实际损失为原则，包括直接损失和间接损失。费用索赔计算方法通常有实际费用法、总费用法和修正的总费用法。

实际费用法又称分项法，即根据索赔事件所造成的损失或成本增加，按费用项目逐项进行分析，计算索赔金额。这种方法比较复杂，但能客观地反映施工单位的实际损失，比较合理，易于被当事人接受。

总费用法也被称为总成本法，即当发生多次索赔事件后，重新计算工程的实际总费用，再从该实际总费用中减去投标报价时的估算总费用，计算出索赔金额。在总费用法中，没有考虑实际总费用中可能由于施工单位原因而增加的费用，因此，总费用法并不十分准确。只有在难以精确地确定某些索赔事件导致的各项费用增加额时，才考虑采用总费用法。

修正的总费用法是在总费用计算的原则基础上，去掉一些不合理因素。修正的内容包括：将计算索赔款的时限局限于受到索赔事件影响的时间段内，而不是整个施工期；只计算受到索赔事件影响的某项工作所受到的损失，与该项工作无关的费用不列入总费用；对投标报价费用重新进行核算等。

（2）工期索赔计算。工期索赔一般指施工单位依据合同对由于非自身原因导致的工期延误向建设单位提出的工期顺延要求。工期索赔要特别注意两个方面的问题：一是划清施工进度拖延的责任；二是被延误的工作应是处于施工进度计划关键路线上的施工内容。工期索赔依据主要包括合同约定或双方认可的施工总进度规划；合同双方认可的详细进度计划；合同双方认可的对工期的修改文件；施工日志、气象资料；建设单位或工程师的变更指令；影响工期的干扰事件；受到干扰后的实际工程进度等。

5.5.2.2.5 其他事项引起合同价格调整

其他事项主要指现场签证。现场签证指建设单位或其授权现场代表（如钻井监督）与施工单位或其授权代表就施工过程中涉及的责任事件所做的签认证明。施工合同履行期间发生现场签证事件，双方应调整合同价格。

5.6 后评价阶段钻井工程造价管理方法

5.6.1 建设单位钻井工程造价后评价

在油气勘探开发建设项目竣工决算基础上，系统开展建设单位钻井工程造价后评价，通过竣工决算与规划、计划、估算、概算、预算的对比分析，考核投资控制的工作成效，为油气勘探开发建设项目钻井工程提供重要的技术经济方面基础资料，提高未来工程建设的投资效益。建设单位可以开展的钻井工程造价后评价工作很多，这里就油气勘探项目钻井工程投资后评价、油气田开发建设项目钻井工程投资后评价、钻井工程计价标准体系建立、钻井工程投资影响因素分析方法作一简要介绍。

5.6.1.1 油气勘探项目钻井工程投资后评价

油气勘探项目后评价主要内容包括项目概况、项目决策及部署评价、物化探工程评价、钻探工程评价、投资与勘探效益评价、影响与持续性评价和综合后评价等内容，其中投资与勘探效益评价包括投资执行情况分析、工程投资分析、勘探成效分析、经济效益评价、评价结论。油气勘探项目后评价与钻井工程投资后评价相关内容介绍如下。

（1）投资执行情况分析。将批复的勘探规划方案或可研方案中编制的投资估算、年度投资计划和项目实际发生的投资进行比较，表格示例见表5-27，说明投资变化的原因。

表 5-27 投资情况对比

序号	工程项目	计量单位	规划（可研）①	计划 ②	调整计划 ③	实施 ④	计划-规划 ②-①	调整-计划 ③-②	实施-调整 ④-③	实施-规划 ④-①
1	探井工程	万元								
2	预探井	万元								
3	评价井	万元								

（2）工程投资计划与实施对比分析。将批复的年度投资计划中的单项工程投资与实际发生的投资进行比较，表格示例见表 5-28，说明差异程度，分析差异原因。

表 5-28 工程投资计划与实施对比

序号	评价指标	计量单位	××××年 计划	××××年 实施	××××年 计划	××××年 实施	××××年 计划	××××年 实施	……	合计 计划	合计 实施	差值	比例(%)
1	预探井	元/m											
2	评价井	元/m											
3	探井平均	元/m											

（3）工程投资变化对比分析。将本项目、本项目所在探区、本项目所属企业等每年的单位进尺工程投资进行对比，表格示例见表 5-29，分析单位进尺工程投资变化趋势和原因，提出进一步控制单位进尺工程投资的技术或管理措施和建议。

表 5-29 工程投资变化对比

分类	评价指标	计量单位	××××年	××××年	××××年	……	平均
××项目	预探井	元/m					
	评价井	元/m					
	探井平均	元/m					
	平均井深	m					
××探区	预探井	元/m					
	评价井	元/m					
	探井平均	元/m					
	平均井深	m					
××公司	预探井	元/m					
	评价井	元/m					
	探井平均	元/m					
	平均井深	m					

（4）典型井钻井工程投资分析。根据不同的井深及井别，选择本项目典型探井，列出钻井工程分项投资，表格示例见表 5-30，分析评价钻井工程投资构成的合理性，并与相邻探区类似典型井对比分析，表格示例见表 5-31。

5.6.1.2 油气田开发建设项目钻井工程投资后评价

油气田开发建设项目后评价主要内容包括项目概况、前期工作评价、地质油气藏工程评价、钻井工程评价、采油（气）工程评价、地面工程评价、生产运行评价、投资与经济效益评价、影响与持续性评价和综合后评价等内容，其中投资与经济效益评价主要包括投资执行情况评价、项目经济效益评价、项目不确定性分析、评价结论。油气田开发建设项目后评价与钻井工程投资后评价相关内容介绍如下。

（1）投资执行情况分析。说明竣工决算投资与批复的开发方案估算、初步设计概算以及下达计划投资的差异程度，表格示例见表 5-32。

（2）新钻开发井投资变化情况分析。如果新钻开发井投资差异较大时，应详细分析新钻开发井投资变动情况，表格示例见表 5-33，对变化幅度达到 ±10% 及以上的单项投资，从井型、井身结构、平均井深、平均单井投资、平均单位造价等方面重点分析差异原因。

（3）年度投资计划与实施对比分析。将批复的年度投资计划中的钻井工程投资与实际发生的投资进行比较，表格示例见表 5-34，说明差异程度，分析差异原因。

（4）典型井钻井工程投资分析。根据不同的井深及井别，选择项目典型开发井，列出钻井工程分项投资，表格示例见表 5-35，分析评价钻井工程投资构成的合理性，并与相邻区块类似典型开发井对比分析，表格示例见表 5-36。

5.6.1.3 钻井工程计价标准体系建立

建设单位钻井工程计价标准体系包括预算定额、工程建设其他定额、概算定额、概算指标、估算指标、参考指标。后评价结果将有助于持续改进以后的钻井工程造价管理，其中最重要的是为以后的钻井工程提供一套科学合理的计价标准。

计价标准管控是建设单位钻井工程造价管理的核心之一。钻井工程全过程计价标准管控的技术路线概括为"工程量清单计价、标准井承上启下、全过程科学定价"。以"油气区"为基本管理对象，实施"工程量清单计价模式"和"标准井管理"，形成全过程配套的钻井工程计价标准体系，并且在统一规范的钻井工程造价管理信息平台发布运行。

5.6.1.3.1 计价标准编制

钻井工程计价标准编制工作总体上包括钻井生产力水平分析、预算定额编制、工程建设其他定额编制、概算定额编制、概算指标编制、估算指标编制、参考指标编制、计价标准水平分析、编辑成册等内容。钻井工程计价标准编制基本流程如图 5-3 所示。当然，钻井工程计价标准编制过程中需要多次反复优化调整相关工程量和综合单价，以保证项目设置科学、定额数值合理、总体水平先进、定额使用方便。

表5-30 典型井钻井工程投资分析

<table>
<tr><th colspan="6">基础数据</th></tr>
<tr><th>序号</th><th>项目</th><th>主要参数</th><th>序号</th><th>项目</th><th>主要参数</th></tr>
<tr><td>1</td><td>建设单位</td><td></td><td>8</td><td>井深(m)</td><td></td></tr>
<tr><td>2</td><td>油气田</td><td></td><td>9</td><td>垂直井深(m)</td><td></td></tr>
<tr><td>3</td><td>区块</td><td></td><td>10</td><td>造斜点(m)</td><td></td></tr>
<tr><td>4</td><td>目的层</td><td></td><td>11</td><td>水平位移(m)</td><td></td></tr>
<tr><td>5</td><td>井别</td><td></td><td>12</td><td>水平段长(m)</td><td></td></tr>
<tr><td>6</td><td>井型</td><td></td><td>13</td><td>压裂段数(段)</td><td></td></tr>
<tr><td rowspan="6">7</td><td rowspan="6">井身结构</td><td rowspan="6">导眼：
一开：
二开：
三开：</td><td>14</td><td>钻井周期(d)</td><td></td></tr>
<tr><td>15</td><td>完井周期(d)</td><td></td></tr>
<tr><td>16</td><td>压裂周期(d)</td><td></td></tr>
<tr><td>17</td><td>钻井设备</td><td></td></tr>
<tr><td>18</td><td>完井设备</td><td></td></tr>
<tr><td>19</td><td>压裂设备</td><td></td></tr>
<tr><td colspan="2">税前单位造价(元/m)</td><td></td><td colspan="2">税前单井造价(万元/口)</td><td></td></tr>
<tr><td colspan="2">含税单位造价(元/m)</td><td></td><td colspan="2">含税单井造价(万元/口)</td><td></td></tr>
</table>

序号	项目编码	项目名称	项目特征	计量单位	工程量	综合单价(元)	税前合价(元)	税率(%)	税金(元)	含税合价(元)	比例(%)
1	G	钻井工程费									
2	G1	钻前工程费									
3	G101	勘测工程费									
4	G10101	井位测量费									
5	……										
6	G2	钻进工程费									
7	G201	钻井作业费									
8	G20101	钻井施工费									
9	G20102	钻井材料费									
10	G20103	钻井材料运输费									
11	……										
12	G3	完井工程费									
13	G301	完井准备费									

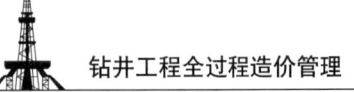

续表

序号	项目编码	项目名称	项目特征	计量单位	工程量	综合单价（元）	税前合价（元）	税率（%）	税金（元）	含税合价（元）	比例（%）
14	G302	完井作业费									
15	G30201	完井施工费									
16	G30202	完井材料费									
17	……										
18	Q	工程建设其他费									
19	Q1	建设管理费									
20	……										

表 5-31 典型井钻井工程投资对比

井号	设计井深(m)	完钻井深(m)	钻井周期(d)	完井周期(d)	含税单井造价（万元/口）								含税单位造价（元/m）							
					钻前	钻井	固井	测井	录井	……	小计	钻前	钻井	固井	测井	录井	……	小计

表 5-32 投资执行情况对比

序号	项目	计量单位	方案估算	初设概算	下达计划	竣工决算	决算－计划		决算－概算		决算－估算	
							差额	比例（%）	差额	比例（%）	差额	比例（%）
			①	②	③	④	④－③	(④－③)/③	④－②	(④－②)/②	④－①	(④－①)/①
	项目总投资	万元										
1	建设投资	万元										
1.1	利用探井	万元										
1.2	新钻开发井	万元										
……												

表5-33 新钻开发井投资变动情况对比

序号	项目	计量单位	方案估算 ①	初设概算 ②	下达计划 ③	竣工决算 ④	决算-计划 差额 ④-③	决算-计划 比例(%) (④-③)/③	决算-概算 差额 ④-②	决算-概算 比例(%) (④-②)/②	决算-估算 差额 ④-①	决算-估算 比例(%) (④-①)/①
1	新钻开发井投资	万元										
1.1	直井（定向井）	万元										
1.2	水平井（大斜度井）	万元										
1.3	其他	万元										
2	新钻开发井数	口										
2.1	直井（定向井）	口										
2.2	水平井（大斜度井）	口										
2.3	其他	口										
3	平均井深	m										
3.1	直井（定向井）	m										
3.2	水平井（大斜度井）	m										
3.3	其他	m										
4	平均单井投资	万元/口										
4.1	直井（定向井）	万元/口										
4.2	水平井（大斜度井）	万元/口										
4.3	其他	万元/口										
5	平均单位造价	元/m										
5.1	直井（定向井）	元/m										
5.2	水平井（大斜度井）	元/m										
5.3	其他	元/m										

表5-34 年度投资计划与实施对比

序号	评价指标	计量单位	××××年 计划	××××年 实施	××××年 计划	××××年 实施	××××年 计划	××××年 实施	……	合计 计划	合计 实施	差值	比例(%)
1	钻井工作量	口											
2	其中：水平井	口											
3	钻井进尺	10^4m											
4	其中：水平井	10^4m											
5	钻井投资	万元											
6	其中：水平井	万元											

表 5–35 典型开发井钻井工程投资分析

基础数据					
序号	项目	主要参数	序号	项目	主要参数
1	建设单位		8	井深（m）	
2	油气田		9	垂直井深（m）	
3	区块		10	造斜点（m）	
4	目的层		11	水平位移（m）	
5	井别		12	水平段长（m）	
6	井型		13	压裂段数（段）	
7	井身结构	导眼： 一开： 二开： 三开：	14	钻井周期（d）	
			15	完井周期（d）	
			16	压裂周期（d）	
			17	钻井设备	
			18	完井设备	
			19	压裂设备	
税前单位造价（元/m）			税前单井造价（万元/口）		
含税单位造价（元/m）			含税单井造价（万元/口）		

工程量清单计价												
序号	项目编码	项目名称	项目特征	计量单位	工程量	综合单价（元）	税前合价（元）	税率（%）	税金（元）	含税合价（元）	比例（%）
1	G	钻井工程费									
2	G1	钻前工程费									
3	G101	勘测工程费									
4	G10101	井位测量费									
5	……										
6	G2	钻进工程费									
7	G201	钻井作业费									
8	G20101	钻井施工费									
9	G20102	钻井材料费									
10	G20103	钻井材料运输费									
11	……										
12	G3	完井工程费									
13	G301	完井准备费									

续表

序号	项目编码	项目名称	项目特征	计量单位	工程量	综合单价（元）	税前合价（元）	税率（%）	税金（元）	含税合价（元）	比例（%）
14	G302	完井作业费									
15	G30201	完井施工费									
16	G30202	完井材料费									
17	……										
18	Q	工程建设其他费									
19	Q1	建设管理费									
20	……										

表 5-36 典型开发井钻井工程投资对比

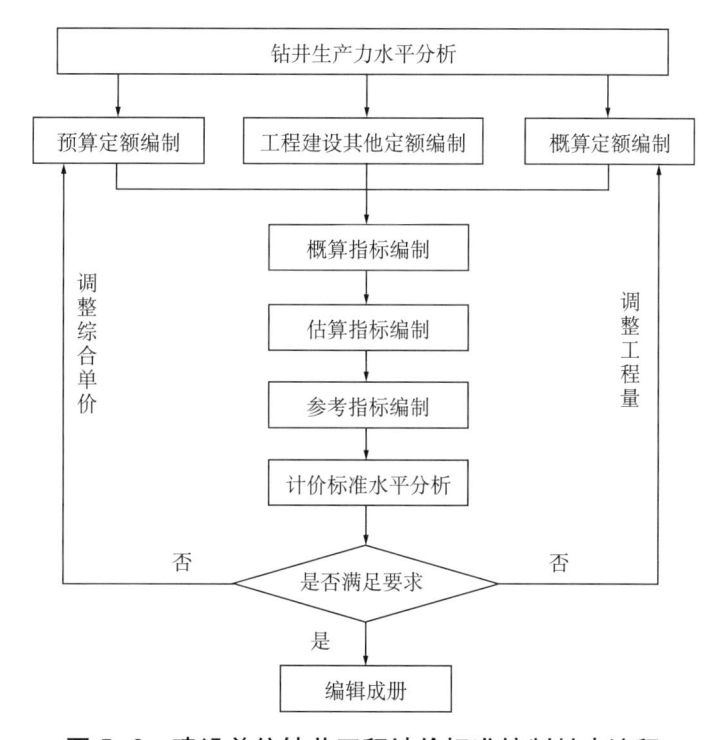

| 井号 | 设计井深(m) | 完钻井深(m) | 钻井周期(d) | 完井周期(d) | 含税单井造价（万元/口） ||||||| 含税单位造价（元/m） |||||||
					钻前	钻井	固井	测井	录井	……	小计	钻前	钻井	固井	测井	录井	……	小计

图 5-3 建设单位钻井工程计价标准编制基本流程

5.6.1.3.2 动态调整计价标准

钻井工程计价标准实行动态管理,每年可根据需要调整 1~2 次。根据年度油气勘探开发业务发展需要、年度投资计划和主要人工、设备、材料价格变化情况,工程造价管理部门制定年度统一计价标准和编制方法,编制或调整出一套预算定额、概算定额,在 1~2 月份发布,用于当年上半年或者全年的预算结算工作。根据当年钻井施工和主要材料价格变化情况,在 7 月份发布调整预算定额、概算定额,用于下半年预算结算工作。同时,工程造价管理部门以当前预算定额、概算定额为基础,组织编制出年度概算指标、估算指标和参考指标,用于勘探开发方案编制和审查、下一年度投资计划和中长期规划编制。

5.6.1.4 钻井工程投资影响因素分析方法

这里以套管价格为例,说明一套钻井工程投资影响因素分析方法。

5.6.1.4.1 标准井钻井工程投资影响分析方法

(1) 标准井套管费计算公式为

$$C_{gf} = \sum_{k=1}^{n}(M_{gk} \times P_{gjk}) \div H \tag{5-4}$$

式中 C_{gf}——标准井套管费,元/m;
n——套管规格数量,组;
M_{gk}——标准井套管消耗量,t;
P_{gjk}——当期平均套管价格,元/t;
H——标准井钻井深度,m。

(2) 标准井套管费变化值计算公式为

$$\Delta C_{gf} = \sum_{k=1}^{n}[M_{gk} \times (P_{gjk2} - P_{gjk1}) \div H] \tag{5-5}$$

式中 ΔC_{gf}——标准井套管费变化值,元/m;
n——套管规格数量,组;
M_{gk}——标准井套管消耗量,t;
P_{gjk2}——当期平均套管价格,元/t;
P_{gjk1}——上期平均套管价格,元/t;
H——标准井钻井深度,m。

(3) 套管价格变化对标准井钻井工程投资影响程度计算公式为

$$d_{Cg} = C_{gf} \div C_T \tag{5-6}$$

$$d_{\Delta Cg} = \Delta C_{gf} \div C_T \tag{5-7}$$

式中　d_{Cg}——套管费占标准井钻井工程投资的比例，%；
　　　C_{gf}——标准井套管费，元/m；
　　　C_T——标准井平均单位进尺造价，元/m；
　　　$d_{\Delta Cg}$——套管费变化值占标准井钻井工程投资的比例，%；
　　　ΔC_{gf}——标准井套管费变化值，元/m。

5.6.1.4.2　区块钻井工程投资影响分析方法

采用标准井钻井工程投资影响分析结果，可以进一步分析某一个区块钻井工程投资影响情况，即分析在某一区块钻井进尺工程量 W_q 确定的条件下，套管价格变化对整个区块钻井工程投资的影响程度。

区块钻井工程投资计算公式为

$$V_{Tq} = \sum_{i=1}^{n}(C_{Ti} \times W_{qi}) \tag{5-8}$$

式中　V_{Tq}——区块钻井工程投资，元；
　　　n——区块所采用标准井的数量，口；
　　　C_{Ti}——标准井平均单位进尺造价，元/m；
　　　W_{qi}——标准井对应的钻井进尺工程量，m。

当然，区块平均单位进尺造价可以采用区块钻井工程投资 V_{Tq} 除以区块钻井进尺工程量 W_q 计算得出。

（1）区块套管费计算公式为

$$V_{qg} = \sum_{i=1}^{n} C_{gfi} \times W_{qi} \tag{5-9}$$

式中　V_{qg}——区块套管费，元；
　　　n——区块所采用标准井的数量，口；
　　　C_{gfi}——标准井套管费，元/m；
　　　W_{qi}——标准井对应的钻井进尺工程量，m。

（2）区块套管费变化值计算公式为

$$\Delta V_{qg} = \sum_{i=1}^{n} \Delta C_{gfi} \times W_{qi} \tag{5-10}$$

式中　ΔV_{qg}——区块套管费变化值，元；
　　　n——区块所采用标准井的数量，口；
　　　ΔC_{gfi}——标准井套管费变化值，元/m；
　　　W_{qi}——标准井对应的钻井进尺工程量，m。

(3) 套管价格变化对区块钻井工程投资影响程度计算公式为

$$d_{qg}=V_{qg}\div V_{Tq} \qquad (5-11)$$

$$d_{\Delta qg}=\Delta V_{qg}\div V_{Tq} \qquad (5-12)$$

式中　d_{qg}——区块套管费占区块钻井工程投资的比例，%；

V_{qg}——区块套管费，元；

V_{Tq}——区块钻井工程投资，元；

$d_{\Delta qg}$——区块套管费变化值占区块钻井工程投资的比例，%；

ΔV_{qg}——区块套管费变化值，元。

5.6.1.4.3　建设单位钻井工程投资影响分析方法

采用区块钻井工程投资影响分析结果，可以进一步分析某一个建设单位钻井工程投资影响情况，即分析在某一个建设单位钻井进尺工程量 W_y 确定的条件下，套管价格变化对整个建设单位钻井工程投资的影响程度。

建设单位钻井工程投资计算公式为

$$V_{Ty}=\sum_{i=1}^{n}V_{Tqi} \qquad (5-13)$$

式中　V_{Ty}——建设单位钻井工程投资，元；

n——建设单位所属区块数量，个；

V_{Tqi}——区块钻井工程投资，元。

当然，建设单位平均单位进尺造价可以采用建设单位钻井工程投资 V_{Ty} 除以建设单位钻井进尺工程量 W_y 计算得出。

(1) 建设单位套管费计算公式为

$$V_{yg}=\sum_{i=1}^{n}V_{qgi} \qquad (5-14)$$

式中　V_{yg}——建设单位套管费，元；

n——建设单位所属区块数量，个；

V_{qgi}——区块套管费，元。

(2) 建设单位套管费变化值计算公式为

$$\Delta V_{yg}=\sum_{i=1}^{n}\Delta V_{qgi} \qquad (5-15)$$

式中　ΔV_{yg}——建设单位套管费变化值，元；

n——建设单位所属区块数量，个；

ΔV_{qgi}——区块套管费变化值，元。

（3）套管价格变化对建设单位钻井工程投资影响程度计算公式为

$$d_{yg}=V_{yg} \div V_{Ty} \tag{5-16}$$

$$d_{\Delta yg}=\Delta V_{yg} \div V_{Ty} \tag{5-17}$$

式中 d_{yg}——建设单位套管费占建设单位钻井工程投资的比例，%；

V_{yg}——建设单位套管费，元；

V_{Ty}——建设单位钻井工程投资，元；

$d_{\Delta yg}$——建设单位套管费变化值占建设单位钻井工程投资的比例，%；

ΔV_{yg}——建设单位套管费变化值，元。

5.6.1.4.4 油田公司钻井工程投资影响分析方法

采用建设单位钻井工程投资影响分析结果，可以进一步分析油田公司钻井工程投资影响情况，即分析在油田公司钻井进尺工程量 W_z 确定的条件下，套管价格变化对整个油田公司钻井工程投资的影响程度。

油田公司钻井工程投资计算方法和套管价格变化对油田公司钻井工程投资影响的分析计算方法，同建设单位钻井工程投资影响分析方法是一致的，只是将区块升级为建设单位，将建设单位升级为油田公司。因此，这里不再将各种计算公式重复列出。

5.6.1.4.5 钻井工程投资影响因素分析方法应用

这套钻井工程投资影响因素分析方法是一项综合配套的工程造价管理技术，可以在钻井工程计价标准编制与调整、钻井工程投资变化趋势分析、钻井工程投资中长期规划编制、勘探开发方案中钻井投资编制、钻井工程年度投资计划编制、钻井工程降本增效措施效果分析等方面进行广泛应用。

（1）用于钻井工程计价标准编制与调整。

上述套管价格影响钻井工程投资的分析过程同钻井工程概算指标、估算指标、参考指标的编制过程基本一致。依据标准井工程参数，确定标准井工程量消耗标准，采用工程量清单模式，计算出标准井工程造价，即编制出概算指标。同时根据各种主要费用项目的价格变化，可以及时调整概算指标。

钻井工程估算指标的编制方法与区块钻井工程投资影响分析方法基本一致，由于其来源于概算指标，价格变化的调整可以随着概算指标的调整而同时进行调整。

钻井工程参考指标的编制方法与建设单位钻井工程投资影响分析方法基本一致，由于其来源于估算指标，价格变化的调整也可以随着估算指标的调整而同时进行调整。

可见，这套造价管理技术是一套编制和调整钻井工程计价标准的配套方法。

（2）用于钻井工程投资变化趋势分析和中长期规划编制。

该项技术可以分析历年因为主要费用项目的价格变化引起的钻井工程投资变化趋势，进而可以用于钻井工程投资中长期规划编制。例如，以 2004 年为基期，分析某油田 2005—2011 年由于平均管材价格变化引起平均单位进尺钻井工程投资变化趋势，如图 5-4 所示。由图 5-4 可以看出，平均管材价格变化范围由 7075 元 /t 到 10090 元 /t，影响钻井工程投资变化范围由 -46 元 /m 到 100 元 /m。

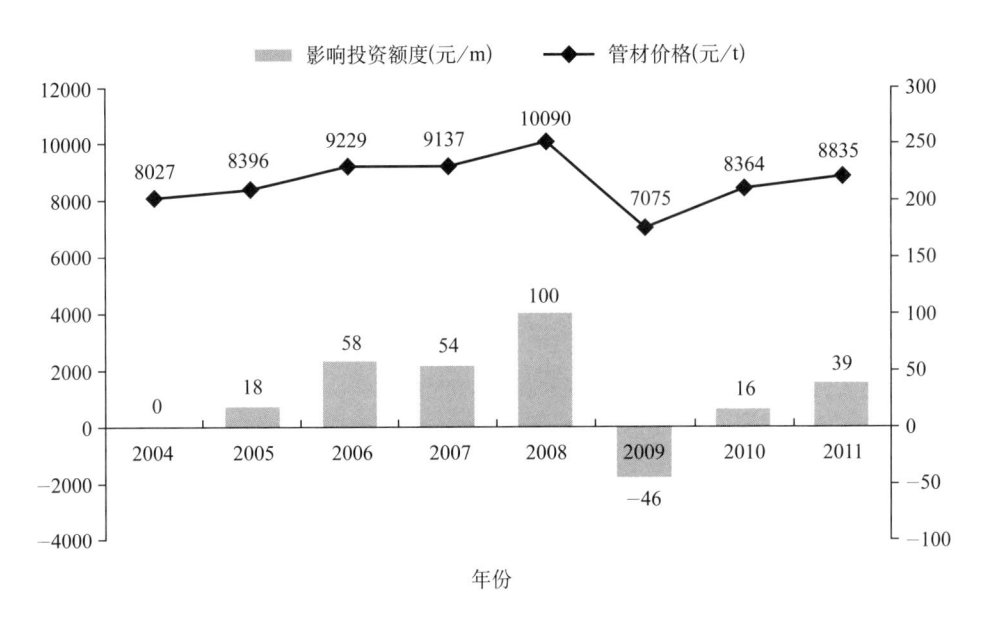

图 5-4　某油田 2005—2011 年管材价格变化对钻井工程投资影响

（3）用于油气勘探开发方案中钻井投资编制。

在可行性研究报告中，需要根据油气勘探方案或开发方案中钻井数量和钻井进尺，编制出若干年的钻井工程投资，并将这些投资作为固定资产进行折现，计算出净现值、投资回收期等经济效益指标。因此，需要科学合理的钻井工程投资估算指标和参考指标，考虑物价上涨因素，并且做出多方案进行比选，为投资决策提供可靠的依据。

（4）用于钻井工程年度投资计划编制。

在上一年工程量和投资水平基础上，采用标准井工程参数，结合本年度工程量情况，分析各种价格变化趋势，测算本年度价格变化对钻井工程投资的影响，用于钻井工程年度投资计划编制和调整。除了图 5-4 给出的钻井工程投资影响程度表现形式以外，还可以采用钻井造价指数，图 5-5 给出了某年度套管价格上涨 10% 对有关油田钻井工程投资影响指数。

由图 5-5 可以看出，套管价格上涨 10%，影响钻井工程投资变化幅度最大的前 3 个油田分别是 I 油田 2.33%、H 油田 1.93%、K 油田 1.82%；影响钻井工程投资变化幅度最小的是 M 油田，仅有 0.91%。

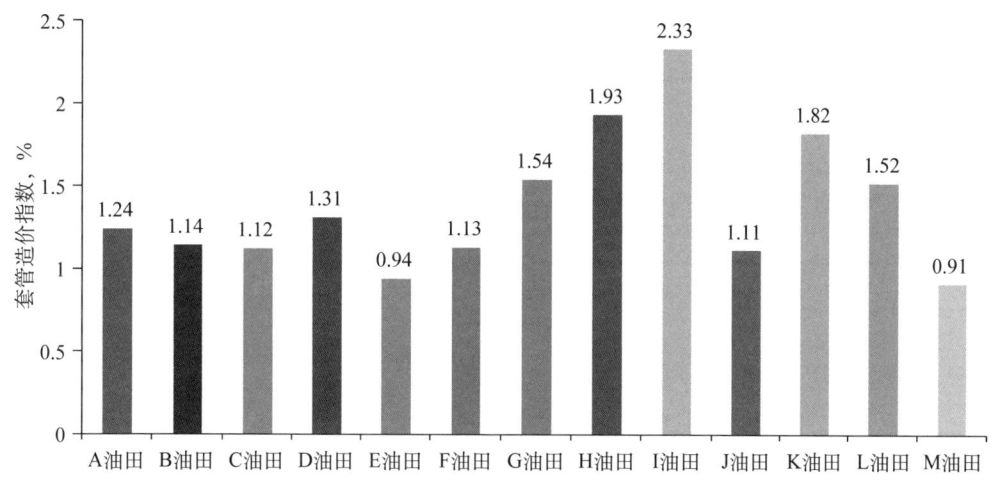

图 5-5　某年度套管价格上涨 10% 对钻井工程投资影响指数

（5）用于钻井工程降本增效措施效果分析。

钻井工程降本增效措施可以归纳为管理、技术、政策 3 个方面。在管理方面有很多具体措施，如工厂化生产作业、一队双机、以电代油等；在技术方面有很多具体措施，如优化井身结构设计、钻井提速措施、优化压裂工艺等；在政策方面有很多具体措施，如环保处理要求、税收减免等。每一项钻井工程降本增效措施效果最终都会落实到某一个工程项目造价上去。因此，在实施钻井工程降本增效措施前，以标准井为基础，采用上述钻井工程投资影响因素分析方法，进行多套方案或多种情景分析其措施实施效果，进而选择最优方案或最优情景为决策提供有力支撑。

5.6.2 施工单位钻井工程造价后评价

施工单位可以开展的钻井工程造价后评价工作很多，这里就钻井工程成本预算执行情况分析、典型井钻井工程成本分析、钻井工程计价标准体系建立、钻井工程成本影响因素分析方法等作一简要介绍。

5.6.2.1 钻井工程成本预算执行情况分析

将钻井工程成本预算、投标报价、合同价款、施工结算进行比较，表格示例见表 5-37 和表 5-38，说明成本变化的原因。

表 5-37　钻井工程项目预算执行情况对比

序号	项目	预算	报价	合同	结算	结算－合同		结算－报价		结算－预算	
						差额	比例（%）	差额	比例（%）	差额	比例（%）
		①	②	③	④	④－③	(④－③)/③	④－②	(④－②)/②	④－①	(④－①)/①
1											
2											
3											

表 5-38 钻井工程单井预算执行情况对比

序号	井号	计量单位	预算 ①	报价 ②	合同 ③	结算 ④	报价-预算 ②-①	合同-报价 ③-②	结算-合同 ④-③	结算-预算 ④-①
1		万元								
2		万元								
3		万元								
……										

5.6.2.2 典型井钻井工程成本分析

根据不同的井深及井别,选择项目典型探井和开发井,列出钻井工程分项成本,表格示例见表 5-39,分析评价钻井工程成本构成的合理性。

表 5-39 典型井钻井工程成本分析

基础数据					
序号	项目	主要参数	序号	项目	主要参数
1	建设单位		8	井深(m)	
2	油气田		9	垂直井深(m)	
3	区块		10	造斜点(m)	
4	目的层		11	水平位移(m)	
5	井别		12	水平段长(m)	
6	井型		13	压裂段数(段)	
7	井身结构	导眼: 一开: 二开: 三开:	14	钻井周期(d)	
			15	完井周期(d)	
			16	压裂周期(d)	
			17	钻井设备	
			18	完井设备	
			19	压裂设备	
税前单位造价(元/m)			税前单井造价(万元/口)		
含税单位造价(元/m)			含税单井造价(万元/口)		
工程量清单计价											
序号	项目编码	项目名称	项目特征	计量单位	工程量	综合单价(元)	税前合价(元)	税率(%)	税金(元)	含税合价(元)	比例(%)
1	G	钻井工程费									
2	G1	钻前工程费									
3	G101	勘测工程费									

续表

序号	项目编码	项目名称	项目特征	计量单位	工程量	综合单价(元)	税前合价(元)	税率(%)	税金(元)	含税合价(元)	比例(%)
4	G10101	井位测量费									
5	……										
6	G2	钻进工程费									
7	G201	钻井作业费									
8	G20101	钻井施工费									
9	G20102	钻井材料费									
10	G20103	钻井材料运输费									
11	……										
12	G3	完井工程费									
13	G301	完井准备费									
14	G302	完井作业费									
15	G30201	完井施工费									
16	G30202	完井材料费									
17	……										

5.6.2.3 钻井工程计价标准体系建立

施工单位钻井工程计价标准包括基础定额、消耗定额、费用定额、预算定额、工程建设其他定额、概算定额、概算指标。

5.6.2.3.1 计价标准编制

施工单位钻井工程计价标准编制工作总体上包括钻井生产力水平分析、基础定额编制、消耗定额编制、费用定额编制、预算定额编制、工程建设其他定额编制、概算定额编制、概算指标编制、计价标准水平分析、编辑成册等内容。钻井工程计价标准编制基本流程如图5-6所示。当然，钻井工程计价标准编制过程中需要多次反复优化调整相关工程量和综合单价，以保证项目设置科学、定额数值合理、总体水平先进、定额使用方便。

5.6.2.3.2 动态调整计价标准

钻井工程计价标准实行动态管理，每年可根据需要调整1～4次。对于人工费定额、设备折旧定额等每年基本没有变化的费用定额可以考虑每年调整1次，对于柴油价格等变化频繁的价格可以考虑每个季度调整1次。当然，要考虑建设单位计价标准调整情况，及时调整相应计价标准，以满足投标报价需要。

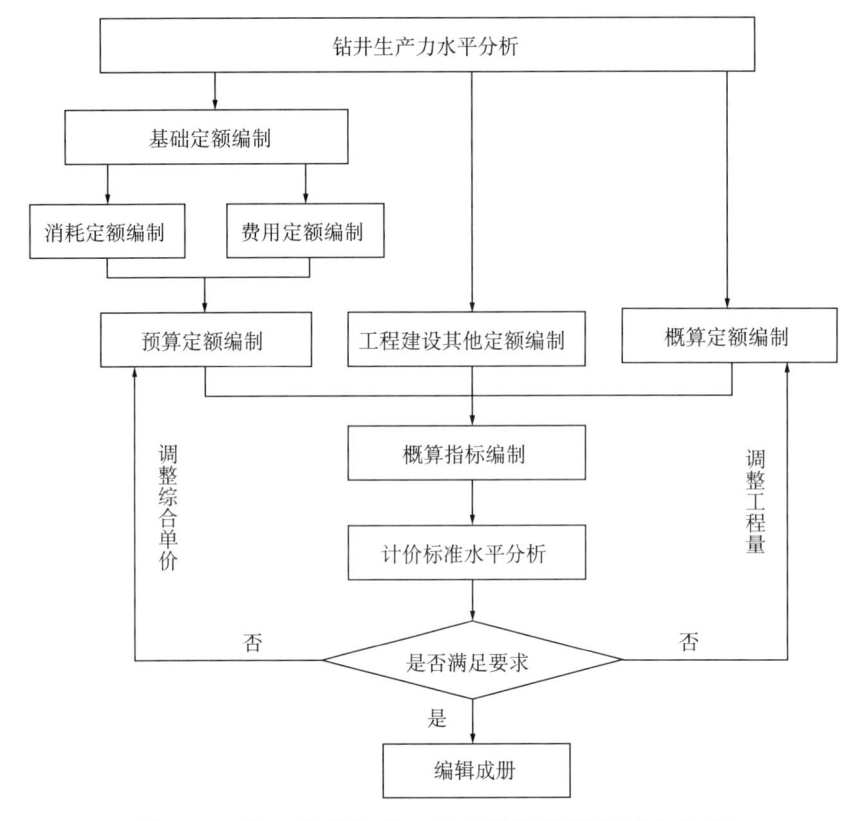

图 5-6 施工单位钻井工程计价标准编制基本流程

5.6.2.4 钻井工程成本影响因素分析方法

施工单位钻井工程成本影响因素分析方法同建设单位钻井工程投资影响因素分析方法的思路是一致的，仅是具体表现形式有所差异。这里以钻井工程人工价格、柴油价格、套管价格为例，说明一套科学的钻井工程成本影响因素分析方法。

5.6.2.4.1 标准井钻井工程成本影响分析方法

5.6.2.4.1.1 标准井人工费影响分析方法

（1）标准井人工费计算公式为

$$C_{rf}=P_{rj} \times Y \div N \times T \div H \tag{5-18}$$

式中 C_{rf}——标准井人工费，元/m；

P_{rj}——施工队平均人工价格，元/人年；

Y——施工队定员，人；

N——施工队年有效工作时间，d；

T——标准井钻井周期，d；

H——标准井钻井深度，m。

（2）标准井人工费变化值计算公式为

$$\Delta C_{rf}=(P_{rj2}-P_{rj1})\times Y\div N\times T\div H \qquad (5-19)$$

式中　ΔC_{rf}——标准井人工费变化值，元/m；

　　　P_{rj2}——施工队当期平均人工价格，元/人年；

　　　P_{rj1}——施工队上期平均人工价格，元/人年；

　　　Y——施工队定员，人；

　　　N——施工队年有效工作时间，d；

　　　T——标准井钻井周期，d；

　　　H——标准井钻井深度，m。

（3）人工价格变化对标准井钻井工程成本影响程度计算公式为

$$d_{Cr}=C_{rf}\div C_{T} \qquad (5-20)$$

$$d_{\Delta Cr}=\Delta C_{rf}\div C_{T} \qquad (5-21)$$

式中　d_{Cr}——人工费占标准井钻井工程成本的比例，%；

　　　C_{rf}——标准井人工费，元/m；

　　　C_{T}——标准井平均单位进尺造价，元/m；

　　　$d_{\Delta Cr}$——人工费变化值占标准井钻井工程成本的比例，%；

　　　ΔC_{rf}——标准井人工费变化值，元/m。

5.6.2.4.1.2　标准井柴油费影响分析方法

（1）标准井柴油费计算公式为

$$C_{of}=M_{o}\times P_{oj}\times T\div H \qquad (5-22)$$

式中　C_{of}——标准井柴油费，元/m；

　　　M_{o}——平均日柴油消耗量，t/d；

　　　P_{oj}——当期柴油价格，元/t；

　　　T——标准井钻井周期，d；

　　　H——标准井钻井深度，m。

（2）标准井柴油费变化值计算公式为

$$\Delta C_{of}=M_{o}\times(P_{oj2}-P_{oj1})\times T\div H \qquad (5-23)$$

式中　ΔC_{of}——标准井柴油费变化值，元/m；

　　　M_{o}——平均日柴油消耗量，t/d；

　　　P_{oj2}——当期柴油价格，元/t；

　　　P_{oj1}——上期柴油价格，元/t；

T——标准井钻井周期，d；

H——标准井钻井深度，m。

（3）柴油价格变化对标准井钻井工程成本影响程度计算公式为

$$d_{Co}=C_{of} \div C_T \tag{5-24}$$

$$d_{\Delta Co}=\Delta C_{of} \div C_T \tag{5-25}$$

式中　d_{Co}——柴油费占标准井钻井工程成本的比例，%；

C_{of}——标准井柴油费，元/m；

C_T——标准井平均单位进尺造价，元/m；

$d_{\Delta Co}$——柴油费变化值占标准井钻井工程成本的比例，%；

ΔC_{of}——标准井柴油费变化值，元/m。

5.6.2.4.1.3　标准井套管费影响分析方法

（1）标准井套管费计算公式为

$$C_{gf} = \sum_{k=1}^{n}(M_{gk} \times P_{gjk}) \div H \tag{5-26}$$

式中　C_{gf}——标准井套管费，元/m；

n——套管规格数量，组；

M_{gk}——标准井套管消耗量，t；

P_{gjk}——当期平均套管价格，元/t；

H——标准井钻井深度，m。

（2）标准井套管费变化值计算公式为

$$\Delta C_{gf} = \sum_{k=1}^{n}[M_{gk} \times (P_{gjk2} - P_{gjk1}) \div H \tag{5-27}$$

式中　ΔC_{gf}——标准井套管费变化值，元/m；

n——套管规格数量，组；

M_{gk}——标准井套管消耗量，t；

P_{gjk2}——当期平均套管价格，元/t；

P_{gjk1}——上期平均套管价格，元/t；

H——标准井钻井深度，m。

（3）套管价格变化对标准井钻井工程投资影响程度计算公式为

$$d_{Cg}=C_{gf} \div C_T \tag{5-28}$$

$$d_{\Delta Cg}=\Delta C_{gf} \div C_T \tag{5-29}$$

式中 d_{Cg}——套管费占标准井钻井工程成本的比例，%；
C_{gf}——标准井套管费，元/m；
C_T——标准井平均单位进尺造价，元/m；
$d_{\Delta Cg}$——套管费变化值占标准井钻井工程成本的比例，%；
ΔC_{gf}——标准井套管费变化值，元/m。

5.6.2.4.1.4 标准井综合费影响分析方法

标准井综合费影响分析方法就是将上述人工费、柴油费、套管费的影响分析结果进行综合。当然，根据实际工作需要，还可以增加设备费、油管费、运输费、管理费等很多项目，并将所有这些项目放在一起进行综合分析。

（1）标准井综合费计算公式为

$$C_{zf}=C_{rf}+C_{of}+C_{gf} \tag{5-30}$$

式中 C_{zf}——标准井综合费，元/m；
C_{rf}——标准井人工费，元/m；
C_{of}——标准井柴油费，元/m；
C_{gf}——标准井套管费，元/m。

（2）标准井综合费变化值计算公式为

$$\Delta C_{zf}=\Delta C_{rf}+\Delta C_{of}+\Delta C_{gf} \tag{5-31}$$

式中 ΔC_{zf}——标准井综合费变化值，元/m；
ΔC_{rf}——标准井人工费变化值，元/m；
ΔC_{of}——标准井柴油费变化值，元/m；
ΔC_{gf}——标准井套管费变化值，元/m。

（3）综合价格变化对标准井钻井工程成本影响程度计算公式为

$$d_{Cz}=C_{zf} \div C_T \tag{5-32}$$

$$d_{\Delta Cz}=\Delta C_{zf} \div C_T \tag{5-33}$$

式中 d_{Cz}——人工、柴油、套管3项综合费占标准井钻井工程成本的比例，%；
C_{zf}——标准井人工、柴油、套管3项综合费，元/m；
C_T——标准井平均单位进尺造价，元/m；
$d_{\Delta Cz}$——人工、柴油、套管3项综合费变化值占标准井钻井工程成本的比例，%；
ΔC_{zf}——标准井人工、柴油、套管3项综合费变化值，元/m。

5.6.2.4.2 区块钻井工程成本影响分析方法

采用标准井钻井工程成本影响分析结果，可以分析某一个区块钻井工程成本变化情况，即分析在某一区块钻井进尺工程量 W_q 确定的条件下，各种价格变化对整个区块钻井工程成本的影响程度。

5.6.2.4.2.1　区块钻井工程成本计算方法

区块钻井工程成本计算公式为

$$V_{Tq} = \sum_{i=1}^{n}(C_{Ti} \times W_{qi}) \tag{5-34}$$

式中　V_{Tq}——区块钻井工程成本，元；
　　　n——区块所采用标准井的数量，口；
　　　C_{Ti}——标准井平均单位进尺造价，元/m；
　　　W_{qi}——标准井对应的钻井进尺工程量，m。

当然，区块平均单位进尺造价可以采用区块钻井工程成本 V_{Tq} 除以区块钻井进尺工程量 W_q 计算得出。

5.6.2.4.2.2　人工价格变化对区块钻井工程成本影响分析

（1）区块人工费计算公式为

$$V_{qr} = \sum_{i=1}^{n} C_{rfi} \times W_{qi} \tag{5-35}$$

式中　V_{qr}——区块人工费，元；
　　　n——区块所采用标准井的数量，口；
　　　C_{rfi}——标准井人工费，元/m；
　　　W_{qi}——标准井对应的钻井进尺工程量，m。

（2）区块人工费变化值计算公式为

$$\Delta V_{qr} = \sum_{i=1}^{n} \Delta C_{rfi} \times W_{qi} \tag{5-36}$$

式中　ΔV_{qr}——区块人工费变化值，元；
　　　n——区块所采用标准井的数量，口；
　　　ΔC_{rfi}——标准井人工费变化值，元/m；
　　　W_{qi}——标准井对应的钻井进尺工程量，m。

（3）人工价格变化对区块钻井工程成本影响程度计算公式为

$$d_{qr} = V_{qr} \div V_{Tq} \tag{5-37}$$

$$d_{\Delta qr} = \Delta V_{qr} \div V_{Tq} \tag{5-38}$$

式中　d_{qr}——区块人工费占区块钻井工程成本的比例，%；

V_{qr}——区块人工费，元；
V_{Tq}——区块钻井工程成本，元；
$d_{\Delta qr}$——区块人工费变化值占区块钻井工程成本的比例，%；
ΔV_{qr}——区块人工费变化值，元。

5.6.2.4.2.3 柴油价格变化对区块钻井工程成本影响分析

（1）区块柴油费计算公式为

$$V_{qo} = \sum_{i=1}^{n} C_{ofi} \times W_{qi} \tag{5-39}$$

式中　V_{qo}——区块柴油费，元；
　　　n——区块所采用标准井的数量，口；
　　　C_{ofi}——标准井柴油费，元/m；
　　　W_{qi}——标准井对应的钻井进尺工程量，m。

（2）区块柴油费变化值计算公式为

$$\Delta V_{qo} = \sum_{i=1}^{n} \Delta C_{ofi} \times W_{qi} \tag{5-40}$$

式中　ΔV_{qo}——区块柴油费变化值，元；
　　　n——区块所采用标准井的数量，口；
　　　ΔC_{ofi}——标准井柴油费变化值，元/m；
　　　W_{qi}——标准井对应的钻井进尺工程量，m。

（3）柴油价格变化对区块钻井工程成本影响程度计算公式为

$$d_{qo} = V_{qo} \div V_{Tq} \tag{5-41}$$

$$d_{\Delta qo} = \Delta V_{qo} \div V_{Tq} \tag{5-42}$$

式中　d_{qo}——区块柴油费占区块钻井工程成本的比例，%；
　　　V_{qo}——区块柴油费，元；
　　　V_{Tq}——区块钻井工程成本，元；
　　　$d_{\Delta qo}$——区块柴油费变化值占区块钻井工程成本的比例，%；
　　　ΔV_{qo}——区块柴油费变化值，元。

5.6.2.4.2.4 套管价格变化对区块钻井工程成本影响分析

（1）区块套管费计算公式为

$$V_{qg} = \sum_{i=1}^{n} C_{gfi} \times W_{qi} \tag{5-43}$$

式中　V_{qg}——区块套管费，元；
　　　n——区块所采用标准井的数量，口；
　　　C_{gfi}——标准井套管费，元/m；

W_{qi}——标准井对应的钻井进尺工程量，m。

（2）区块套管费变化值计算公式为

$$\Delta V_{qg} = \sum_{i=1}^{n} \Delta C_{gfi} \times W_{qi} \tag{5-44}$$

式中　ΔV_{qg}——区块套管费变化值，元；

n——区块所采用标准井的数量，口；

ΔC_{gfi}——标准井套管费变化值，元/m；

W_{qi}——标准井对应的钻井进尺工程量，m。

（3）套管价格变化对区块钻井工程成本影响程度计算公式为

$$d_{qg} = V_{qg} \div V_{Tq} \tag{5-45}$$

$$d_{\Delta qg} = \Delta V_{qg} \div V_{Tq} \tag{5-46}$$

式中　d_{qg}——区块套管费占区块钻井工程成本的比例，%；

V_{qg}——区块套管费，元；

V_{Tq}——区块钻井工程成本，元；

$d_{\Delta qg}$——区块套管费变化值占区块钻井工程成本的比例，%；

ΔV_{qg}——区块套管费变化值，元。

5.6.2.4.2.5　综合价格变化对区块钻井工程成本影响分析

（1）区块综合费计算公式为

$$V_{qz} = \sum_{i=1}^{n} C_{zfi} \times W_{qi} \tag{5-47}$$

式中　V_{qz}——区块综合费，元；

n——区块所采用标准井的数量，口；

C_{zfi}——标准井综合费，元/m；

W_{qi}——标准井对应的钻井进尺工程量，m。

（2）区块综合费变化值计算公式为

$$\Delta V_{qz} = \sum_{i=1}^{n} \Delta C_{zfi} \times W_{qi} \tag{5-48}$$

式中　ΔV_{qz}——区块综合费变化值，元；

n——区块所采用标准井的数量，口；

ΔC_{zfi}——标准井综合费变化值，元/m；

W_{qi}——标准井对应的钻井进尺工程量，m。

（3）综合价格变化对区块钻井工程成本影响程度计算公式为

$$d_{qz}=V_{qz}\div V_{Tq} \tag{5-49}$$

$$d_{\Delta qz}=\Delta V_{qz}\div V_{Tq} \tag{5-50}$$

式中 d_{qz}——区块综合费占区块钻井工程成本的比例，%；

V_{qz}——区块综合费，元；

V_{Tq}——区块钻井工程成本，元；

$d_{\Delta qz}$——区块综合费变化值占区块钻井工程成本的比例，%；

ΔV_{qz}——区块综合费变化值，元。

5.6.2.4.3 施工单位钻井工程成本影响分析方法

采用区块钻井工程成本变化分析结果，可以进一步分析某一个施工单位钻井工程成本变化情况，即分析在某一个施工单位钻井进尺工程量 W_y 确定的条件下，各种价格变化对整个施工单位钻井工程成本的影响程度。

5.6.2.4.3.1 施工单位钻井工程成本计算方法

施工单位钻井工程成本计算公式为

$$V_{Ty}=\sum_{i=1}^{n}V_{Tqi} \tag{5-51}$$

式中 V_{Ty}——施工单位钻井工程成本，元；

n——施工单位所施工区块数量，个；

V_{Tqi}——区块钻井工程成本，元。

当然，施工单位平均单位进尺造价可以采用施工单位钻井工程成本 V_{Ty} 除以施工单位钻井进尺工程量 W_y 计算得出。

5.6.2.4.3.2 人工价格变化对施工单位钻井工程成本影响分析

（1）施工单位人工费计算公式为

$$V_{yr}=\sum_{i=1}^{n}V_{qri} \tag{5-52}$$

式中 V_{yr}——施工单位人工费，元；

n——施工单位所施工区块数量，个；

V_{qri}——区块人工费，元。

（2）施工单位人工费变化值计算公式为

$$\Delta V_{yr}=\sum_{i=1}^{n}\Delta V_{qri} \tag{5-53}$$

式中 ΔV_{yr}——施工单位人工费变化值,元；

n——施工单位所施工区块数量,个；

ΔV_{qri}——区块人工费变化值,元。

(3) 人工价格变化对施工单位钻井工程成本影响程度计算公式为

$$d_{yr}=V_{yr}\div V_{Ty} \tag{5-54}$$

$$d_{\Delta yr}=\Delta V_{yr}\div V_{Ty} \tag{5-55}$$

式中 d_{yr}——施工单位人工费占施工单位钻井工程成本的比例,%；

V_{yr}——施工单位人工费,元；

V_{Ty}——施工单位钻井工程成本,元；

$d_{\Delta yr}$——施工单位人工费变化值占施工单位钻井工程成本的比例,%；

ΔV_{yr}——施工单位人工费变化值,元。

5.6.2.4.3.3 柴油价格变化对施工单位钻井工程成本影响分析

(1) 施工单位柴油费计算公式为

$$V_{yo}=\sum_{i=1}^{n}V_{qoi} \tag{5-56}$$

式中 V_{yo}——施工单位柴油费,元；

n——施工单位所施工区块数量,个；

V_{qoi}——区块柴油费,元。

(2) 施工单位柴油费变化值计算公式为

$$\Delta V_{yo}=\sum_{i=1}^{n}\Delta V_{qoi} \tag{5-57}$$

式中 ΔV_{yo}——施工单位柴油费变化值,元；

n——施工单位所施工区块数量,个；

ΔV_{qoi}——区块柴油费变化值,元。

(3) 柴油价格变化对施工单位钻井工程成本影响程度计算公式为

$$d_{yo}=V_{yo}\div V_{Ty} \tag{5-58}$$

$$d_{\Delta yo}=\Delta V_{yo}\div V_{Ty} \tag{5-59}$$

式中 d_{yo}——施工单位柴油费占施工单位钻井工程成本的比例,%；

V_{yo}——施工单位柴油费,元；

V_{Tq}——施工单位钻井工程成本,元；

$d_{\Delta yo}$——施工单位柴油费变化值占施工单位钻井工程成本的比例,%；

ΔV_{yo}——施工单位柴油费变化值,元。

5.6.2.4.3.4 套管价格变化对施工单位钻井工程成本影响分析

(1) 施工单位套管费计算公式为

$$V_{yg} = \sum_{i=1}^{n} V_{qgi} \qquad (5-60)$$

式中　V_{yg}——施工单位套管费,元;
　　　n——施工单位所施工区块数量,个;
　　　V_{qgi}——区块套管费,元。

(2) 施工单位套管费变化值计算公式为

$$\Delta V_{yg} = \sum_{i=1}^{n} \Delta V_{qgi} \qquad (5-61)$$

式中　ΔV_{yg}——施工单位套管费变化值,元;
　　　n——施工单位所施工区块数量,个;
　　　ΔV_{qgi}——区块套管费变化值,元。

(3) 套管价格变化对施工单位钻井工程成本影响程度计算公式为

$$d_{yg} = V_{yg} \div V_{Ty} \qquad (5-62)$$

$$d_{\Delta yg} = \Delta V_{yg} \div V_{Ty} \qquad (5-63)$$

式中　d_{yg}——施工单位套管费占施工单位钻井工程成本的比例,%;
　　　V_{yg}——施工单位套管费,元;
　　　V_{Ty}——施工单位钻井工程成本,元;
　　　$d_{\Delta yg}$——施工单位套管费变化值占施工单位钻井工程成本的比例,%;
　　　ΔV_{yg}——施工单位套管费变化值,元。

5.6.2.4.3.5 综合价格变化对施工单位钻井工程成本影响分析

(1) 施工单位综合费计算公式为

$$V_{yz} = \sum_{i=1}^{n} V_{qzi} \qquad (5-64)$$

式中　V_{yz}——施工单位综合费,元;
　　　n——施工单位所施工区块数量,个;
　　　V_{qzi}——区块综合费,元。

(2) 施工单位综合费变化值计算公式为

$$\Delta V_{yz} = \sum_{i=1}^{n} \Delta V_{qzi} \tag{5-65}$$

式中　ΔV_{yz}——施工单位综合费变化值，元；
　　　n——施工单位所施工区块数量，个；
　　　ΔV_{qzi}——施工单位区块综合费变化值，元。

(3) 综合价格变化对施工单位钻井工程成本影响程度计算公式为

$$d_{yz} = V_{yz} \div V_{Ty} \tag{5-66}$$

$$d_{\Delta yz} = \Delta V_{yz} \div V_{Ty} \tag{5-67}$$

式中　d_{yz}——施工单位综合费占施工单位钻井工程成本的比例，%；
　　　V_{yz}——施工单位综合费，元；
　　　V_{Ty}——施工单位钻井工程成本，元；
　　　$d_{\Delta yz}$——施工单位综合费变化值占施工单位钻井工程成本的比例，%；
　　　ΔV_{yz}——施工单位综合费变化值，元。

5.6.2.4.4　钻探公司钻井工程成本影响分析方法

采用施工单位钻井工程成本影响分析结果，可以进一步分析钻探公司钻井工程成本变化情况，即分析在钻探公司钻井进尺工程量 W_z 确定的条件下，各种价格变化对整个钻探公司钻井工程成本的影响程度。

钻探公司钻井工程成本计算方法和人工价格变化、柴油价格变化、套管价格变化以及三者的综合价格变化对钻探公司钻井工程成本影响的分析计算方法，同施工单位钻井工程成本分析计算方法是一致的，只是将区块变更为施工单位，将施工单位变更为钻探公司。因此，这里不再将各种计算公式重复列出。

5.6.2.4.5　钻井工程成本影响分析方法应用

这套钻井工程成本影响因素分析方法是一项综合配套的工程造价管理技术，可以在钻井工程计价标准编制与调整、钻井工程成本变化趋势分析、钻井工程降本增效措施效果分析等方面进行广泛应用。

(1) 用于钻井工程计价标准编制与调整。

依据标准井工程参数，确定标准井工程量消耗标准，采用工程量清单模式，计算出标准井工程造价，即编制出概算指标。同时根据各种主要费用项目的价格变化，可以及时调整概算指标。

(2) 用于钻井工程成本变化趋势分析。

该项技术可以分析历年因为主要费用项目的价格变化而引起的钻井工程成本变化趋势，进而可以用于钻井工程成本预测。例如，以2004年为基期，分析某油田2005—2011年由于平均柴油价格变化引起平均单位进尺钻井工程成本变化趋势,如图 5-7 所示。由图 5-7 可以看出,平均柴油价格由 3600 元 /t 增长到 7647 元 /t,平均单位进尺钻井工程成本增长了 219 元 /m。

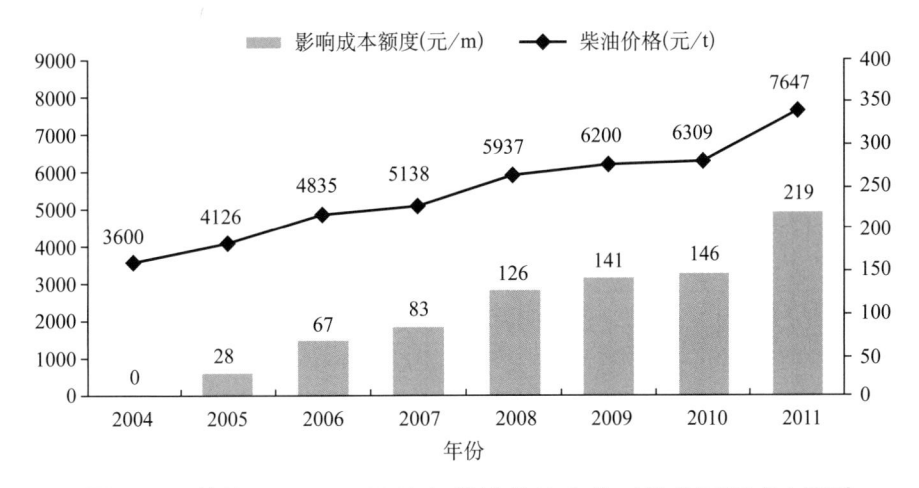

图 5-7 某油田 2005—2011 年柴油价格变化对钻井工程成本影响

(3) 用于钻井工程降本增效措施效果分析。

在实施钻井工程降本增效措施前,采用上述钻井工程成本影响因素分析方法,可以分析降本增效措施预期实施效果,进而选择最优方案或最优情景组织实施。

参 考 文 献

[1] 全国造价工程师职业资格考试培训教材编审委员会．2019年版全国一级造价工程师职业资格考试培训教材：建设工程造价管理［M］．北京：中国计划出版社，2019．

[2] 全国造价工程师职业资格考试培训教材编审委员会．2019年版全国一级造价工程师职业资格考试培训教材：建设工程计价［M］．北京：中国计划出版社，2019．

[3] 全国造价工程师职业资格考试培训教材编审委员会．2019年版全国二级造价工程师职业资格考试培训教材：建设工程造价管理基础知识［M］．北京：中国计划出版社，2019．

[4] 郭婧娟．工程造价管理［M］．北京：清华大学出版社，北京交通大学出版社，2005．

[5] 戚安邦．工程项目全面造价管理［M］．天津：南开大学出版社，2000．

[6] 严玲，尹贻林．工程造价导论［M］．天津：天津大学出版社，2004．

[7] 黄伟和．钻井工程设备与工具［M］．北京：石油工业出版社，2018．

[8] 黄伟和．钻井工程工艺［M］．北京：石油工业出版社，2016．

[9] 黄伟和．钻井工程造价管理概论［M］．北京：石油工业出版社，2016．

[10] 黄伟和．石油钻井工程市场定价机制研究［M］．北京：石油工业出版社，2013．

[11] 黄伟和，刘海，张关平．钻井工程建设全过程工程量清单计价规则研究［J］．工程造价管理，2018，（5）：25-31．

[12] 黄伟和．石油天然气钻井工程工程量清单计价方法［M］．北京：石油工业出版社，2012．

[13] 魏伶华，黄伟和，周建平．石油天然气勘探与钻井工程量清单计价规范研究［M］．北京：石油工业出版社，2007．

[14] 黄伟和，刘文涛，司光，魏伶华．石油天然气钻井工程造价理论与方法［M］．北京：石油工业出版社，2010．

[15] 黄伟和．石油钻井系统工程造价技术体系研究［M］．北京：石油工业出版社，2008．

[16] 黄伟和．石油钻井关联交易长效管理机制研究［M］．北京：石油工业出版社，2014．

[17] 黄伟和，魏伶华，司光．新形势下石油钻井工程造价管理模式探讨［J］．工程造价管理，2010，（5）：56-58．

[18] 黄伟和，孙立国，司光，刘海．国际石油钻井市场运作模式发展分析与启示［J］．国际石油经济，2011，19（12）：60-65．

[19]《石油勘探工程与工程造价》编委会．石油勘探工程与工程造价：概论［M］．北京：中国广播电视出版社，2005．

[20]《石油勘探工程与工程造价》编委会编．石油勘探工程与工程造价：钻井工程与工程造价［M］．北京：中国广播电视出版社，2005．

[21]《油气勘探工程定额与造价管理》编写组.油气勘探工程定额与造价管理[M].北京:石油工业出版社,1999.

[22]《油田开发项目可行性研究报告编制指南》编委会.油田开发项目可行性研究报告编制指南[M].北京:石油工业出版社,2003.

[23]《气田开发项目可行性研究报告编制指南》编委会.气田开发项目可行性研究报告编制指南[M].北京:石油工业出版社,2003.

[24] 李华启,等.油气勘探项目可行性研究指南[M].北京:石油工业出版社,2003.

[25][美] 弗雷德里克·泰勒.科学管理原理[M].马风才,译.北京:机械工业出版社,2014.

[26] 丹尼尔·约翰逊,约翰逊·布什.国际石油公司财务管理[M].王国樑,等,译.北京:石油工业出版社,2000.

[27] 龚光明.油气会计准则研究[M].北京:石油工业出版社,2002.

[28]《石油勘探开发建设项目管理》编辑委员会.石油勘探开发建设项目管理[M].北京:石油工业出版社,1991.

[29] 中国石油天然气总公司勘探局.油气勘探经营管理[M].北京:石油工业出版社,1998.

[30] 唐广庆.建设工程实施阶段的项目管理[M].北京:知识产权出版社,2005.

[31] 谭庆刚.新制度经济学——分析框架与中国实践[M].北京:清华大学出版社,2011.

[32] 张卫东.新制度经济学[M].大连:东北财经大学出版社,2010.

[33][美] 利奥尼德·赫维茨,斯坦利·瑞特.经济机制设计[M].田国强,等,译.上海:格致出版社,上海三联书店,上海人民出版社,2009.

[34] 中国石油天然气集团公司.中国石油员工基本知识读本(四):管理[M].北京:石油工业出版社,2012.

[35] 中国石油天然气集团公司.中国石油员工基本知识读本(一):政治经济[M].北京:石油工业出版社,2012.

[36] 王震,郑炯,赵林,等.跨国石油投资与并购[M].北京:石油工业出版社,2010.